你，不仅仅是一名教师

你握住的不仅仅是学生的手，你握住的是他/她的未来，
在他的脑海里，你并不仅仅是一名教师，你还触碰了他的心灵，
你并不仅仅拭干他的泪水，抚慰他的心灵，
你，已经成为他的一部分。

你并不是与学生分享短暂的一刻，而是成为一种记忆，
当你不在的时候，你已经深入了他们的内心，
你并不知道你的力量有多么强大，
你影响了一代人，而他们又将影响下一代人。

所以，“做一名教师”并不是简单的事情，
除了语言，你还有很多要做的，
你要在那一刻感到自己是了解学生的，
或者他今天也同样对你微笑了。

你握住的不仅仅是学生的手，你牵起的是他/她的未来，
你不仅仅是教给他知识，更深入了他的内心，
你并不仅仅拭干了他的泪水，更抚慰了他的心灵，
你，已经成为他的一部分了。

用心接纳每一个孩子

营造家的感觉，走进学生内心

50 Tips From Outstanding Class Advisors

任华文 著

50 优秀班主任的条建议

用高尚的师德
影响学生、塑造学生

班主任要会神奇"忽悠术"

让入学教育为人生导航

从习惯养成着手

温柔地触动感恩的琴弦

生命教育是德育必不可少的一环

网络社区是一种高效的班级管理模式

拉起更多人的手

卓越教师网

中国青年出版社
CHINA YOUTH PRESS
中青文传媒

图书在版编目(CIP)数据

优秀班主任的50条建议/任华文著.
—北京：中国青年出版社，2012.2
ISBN 978-7-5153-0575-2
Ⅰ.优… Ⅱ.任… Ⅲ.班主任工作 Ⅳ.G451
中国版本图书馆CIP数据核字（2012）第023366号

优秀班主任的50条建议

卓越教师网

作　　者：任华文
责任编辑：周　红
美术编辑：夏　蕊
出　　版：中国青年出版社
发　　行：北京中青文文化传媒有限公司
电　　话：010-65516873/65518035
网　　址：www.cyb.com.cn　www.diyijie.com
制　　作：中青文制作中心
印　　刷：三河市文通印刷包装有限公司
版　　次：2012年3月第1版
印　　次：2015年6月第2次印刷
开　　本：787×1092　1/16
字　　数：120千字
印　　张：12
书　　号：ISBN 978-7-5153-0575-2
定　　价：23.00元

目录
Contents

前言
Preface

教书育人，是一门要求很高的艺术。他需要教师耐心细致、身心投入、勇于奉献，拥有无私的爱心、非凡的个人魅力、自信且超群的能力。选择了教师这个职业，就意味着，从此你将影响到每一个学生的成长，并给他们的生活带来色彩。陶行知先生说："在教师手中操着幼年人的命运，便操着民族和人类的命运。"

教师永远都不能轻视自己的使命，应该将每个学生都看成稀世珍宝、世界上独一无二的个体，并且相信他们前途无量；有责任坚持不懈地寻找和发现学生的优秀；更要认识到每一个学生都与众不同，了解学生并找到针对不同学生的教学方法，因材施教。教师有时需要真刀真枪、针锋相对；有时却需要虚晃一枪、以柔克刚；有时需要大张旗鼓，有时却需要旁敲侧击、迂回进攻、无声胜有声。无论怎样千变万化，请永远把一句话铭记在心：学生是第一位的。

不管外界环境如何，不管学生的条件如何，也不管之前他们表现怎样做过什么，高尚的师德滋润，新时代的课程培养，优雅的环境熏陶，多彩的生活锻炼，丰富的活动启迪，优秀的文化滋养，促进学生健康发展，无不彰显教育智慧。唯有优秀教师才是学生成功的关键。优秀教师使学生成才的决定性因素，如果没有高素质、高品德的教师，再好的教育改革和教学技巧也无济于事。优秀教师真的能改变学生的一生。

“学高为师，身正为范”。本书是名校名师真实、具体可信的示范案列，深刻诠释了教师是太阳底下最光辉职业，“人类灵魂工程师”的崇高和伟大！书中有简单易行的技巧和方法，用流畅文字叙述一个个鲜活生动的案例，提出问题，呈现思考，打开思路再从不同角度展开总结——既有教育的精妙言论和理论分析，又有优秀班主任设身处地出谋划策，告诉你如何做好班主任和教师工作，掌握教育的艺术。

亲爱的老师，学生的命运掌握在你们的手中，而这些建议都在书中。我们期望你能够轻松有效地运用我们提供的方法，提升教育智慧，为你和你的学生营造一种良好的学习环境，让他们愉悦地学习，健康地发展，快乐地成长，当他们长大后回忆起学校时光时说：那是我们的心灵乐园！

亲爱的老师，你就是那个和学生们分享生命的人，也是那个改变他们命运的人。爱你的学生吧！

无论如何，打开这本书的你，已经是一位全身投入教育、希望为学生们的改变奉献自己心血的优秀教师了。希望这本书，将为你铺平道路，引领你一步步实现梦想！

成为优秀教师，成为卓越教师，你可以！

建议01

营造家的感觉
走进学生内心

班前思考

“家”是一个让人感觉多么温馨踏实的字眼，家是最温暖最幸福的地方。每个班级就像是一个“家”，如果，让学生在“家”中得到关爱、引导，让学生在“家”中彼此尊重、信任、欣赏，并且在“家”中传递关爱、不断提升自我，该是一件多么幸福而有意义的事情。

方法/技巧

如何为学生营造家的感觉呢？吴老师在多年的班主任工作中，一直有一个工作目标、有一种工作理念贯穿她的班主任工作，那就是——用心为孩子们营造一个家，真正走进学生的内心。

开学了，吴老师又迎来了她的新一届学生。当她把事先设计好的题为《让我了解你，让我们成为一家人》的调查表发到学生手里时，很多学生都露出了又惊讶又惊喜的表情。这不是一张普通的调查表，它的开头写道：

在今天以前，我们素不相识。但从2007年的暑假开始，我们就彼此等待，我想象关于你们的种种，你们也一定期待着在新学校崭新的生活。从今天开始，我们共同走进了一个新家——初一（12）班。在这个属于我们的家庭里，我们要共同生活三年、奋斗三年、享受快乐、体验成长。我——你们的班主任、大朋友，迫不及待地想要了解你们每一个人，想帮助你们每一个人提升自我、实现梦想。所以我设计了这份小小的问卷，希望你能真诚、认真地填写。让我了解你，让我们成为一家人。

这张表格中不仅设计了学生信息的基本内容，还特别设计了“你喜欢的颜色，喜欢的书籍、音乐或歌曲、运动，喜欢的明星和文学作品中的人物形象、名言，理想和人生目标，最想和我说的话……”这张表格在第一时间拉近了吴老师和学生们的距离。几天后，一份份充满着真情与信赖的调查表又交回吴老师手中，吴老师对每一张表格都仔细研读，在最短的时间更多地了解每一个孩子。这张表格将成为学生们的第一份小档案，一直保存到他们初中毕业，吴老师在和每个孩子谈话前都要再翻看一下他们的小档案，让谈话的准备更加充分。

吴老师是一个有心人，她让她的学生时刻体会到生活中的情趣，时刻为学生们创造惊喜。在她所带的班级中，每个学生过生日的时候都会收到一份礼物，可能是一本书，一张生日祝福卡片，或一次特别的“成长谈话”，让每个学生感受到家一般的温暖；每逢特殊节日她都会设计小小惊喜让学生体会生活中的快乐，像初一年级的“六一节”她和学生一起分享甜美的冰棍，圣诞节时她装扮成圣诞老人出现在班中……

2008年的圣诞节，恰巧赶上有节班会课。吴老师让班长先组织同学们上自习，而自己假说要见一位家长，晚几分钟去班里。随后她在办公室里换上了早已准备好的圣诞老人的服装，戴好红帽子和白胡子，背上大红袜子礼物袋。当吴老师出现在教室门口时，学生都在安静地上自习。吴老师的一句“圣诞老人给你们送礼物来了”，孩子们立刻惊讶又喜悦地欢呼起来。

孩子们开心地分享了圣诞老人为他们准备的巧克力糖果。“圣诞老人”还送给每个孩子一份心愿卡片，让他们把自己的心愿和新一年的目标理想写下来，全班同学的心愿都封在一个盒子里，新的一年里每一个人都按照自己的心愿和目标去努力，第二年圣诞老人来送礼物的时候再打开那个盒子，看看一年来通过努力有哪些成长和收获。学生们非常郑重地写下了自己的愿望。事后，有很多学生在随笔中写了这件事。有位学生这样写道：

我从来没有过过这样的圣诞节，从来没有见过这样美丽可爱的女圣诞老人，从未想过和47位同学一起品尝糖果是这样的甜蜜。

当吴老师穿着略显肥大的圣诞老人衣服笑着走进来的时候，不知为什么，我忍不住想流泪，不知是因为高兴惊喜，还是为吴老师的这份可贵的爱心而感动？这大概是幸福的眼泪吧……

编后语

做好起点工作，是一个减轻压力的过程。做好起点工作，要根据学生的实际情况展开，要时刻注意分析事态的变化，让学生逐渐走入管理中去，让学生成为管理自己的主人，为自己的发展设计蓝图。在班主任接手一个新的班级前，多做点思考工作，想着做好班级管理的起点工作，就可以减轻自己日后的负担。另外，一位优秀的班主任不仅应教会学生学习，更应教会学生生活，教会学生以充满乐观、富有情趣的心态去生活，这样更能赢得学生的认可。

建议02

用心接纳每一个孩子

班前思考

在细节中发现每个孩子不同于别人的优点，用爱、尊重、关注、欣赏点燃每个孩子上进的愿望，让他们时刻感受到被老师认可被老师关注的幸福，让他们永远觉得“自己很重要”！每一个生命都来之不易，每一个孩子都是一粒种子，都需要我们用心呵护，精心栽培。所以，欣然接纳你的学生吧，他们会给你带来无限的欣喜。

方法/技巧

一个班主任如果能够接纳几个优秀的、可爱的孩子是非常简单的，但如果用心地去像对待家人一样接纳每一个孩子，就不是那么容易了。在班主任工作中，除了用心制造惊喜为学生带来家的感觉，还要特别要求自己用心接纳每一个孩子。

在平时的班级管理中，汤老师有一个习惯，就是除了在日常教学中关注每一个学生，更在每一个生活细节中去观察学生。也许有的孩子不是学习成绩最优异的，但他们身上的闪光点是那么可贵，又那么容易被人忽略。对他们的欣赏就是对他们最大的鼓励，也同时教给每一个孩子如何欣赏别人、完善自我。在开家长会时，表扬这些孩子就是让家长感受到我们的教育不仅仅是教学习，更是教做人。

9月，汤老师特意组织了一次"集体表彰班会"，学生们每个人都有属于自己的荣誉。为此，汤老师还特别"私刻"了属于她们班的公章，在奖状上也盖个戳，让孩子们感觉非常正式。学习好的孩子获得"学业全优奖"，嗓门大的可以得到"嗓音洪亮奖"，平时喜欢搞怪幽默的获得"幽默大师奖"，还有"小小博士后"奖、"爱心大使奖"、"善解人意奖"……有个学生各方面表现都不理想，还经常迟到，汤老师反复琢磨，想到他在期末考试阶段没怎么迟到，就给他发了一张"越来越早奖"的奖状。颁奖时他笑得很灿烂，在新的学期中他没迟到过一次。到下个学期，他获得了"守时标兵奖"。

在每个班里都会有一些问题学生，让问题学生感受到被欣赏是十分重要的。最好的做法是让学生时刻感受到希望永远都在，在学生失意彷徨的时候，用最机智的办法、最真挚的爱心去召唤他。

初三毕业生中有一个很特别的女孩，有个性，特立独行。有一天晚上她妈妈打电话来，说她离家出走了，晚上十一点了还未回家。原来她一直是个追星族，这个女孩知道父母很不喜欢追星的孩子，所以一直隐瞒。直到一天她去看一场演唱会回来的特别晚，而恰巧父母无意间知道了，她觉得无法面对自己的父母，当晚就离家出走住到追星时认识的一个大学生姐姐的宿舍里。女孩的妈妈很着急，生怕她在学校里出什么事情，这之后每天都来接她，又怕她中午自己跑到校外去，很是不安。

汤老师左思右想：总不能一直紧盯着这孩子，她的心理压力会很大；也不能让同学看着她，也不能天天找借口中午让她来办公室谈话……后来想出一个好办法，这个女孩英语口语特别好。汤老师就跟她说："老师要考英语口语，我的口语不好，想请你做我的口语老师，每天中午来办公室辅导我。"那个学生很高兴地答应了，每天中午很快就吃完饭来教老师口语。汤老师也特别认真地接受她的辅导，还不时地夸奖她讲得好，有当英语老师的潜质。快上课时，汤老师就和她一起去班里。那个学生为汤老师当老师的第一天晚上，孩子的妈妈就打来电话说接孩子的时候她特别兴奋，还说回去要备备课，老师都这么有学习的欲望，自己也得加油了。这样一来，坚持了一段时间，那个学生很自然地度过了那一段非常时期。整个人也转变了，师生之间的沟通也更畅快了。后来那个孩子给汤老师写过一张卡片——"汤老师，谢谢您！您让我在那么茫然的日子里看到了自己的希望！而且您是那样小心地保护了我的那份自尊。"

编后语

在教育上，我们一定要清楚地知道孩子们的能力差异，这样才能因材施教，使每个孩子达到最佳效果。作为班主任，我们更应该清楚：优秀不是只有一种表现形式。我们不应该忙着给孩子贴标签，这是优秀生，那是后进生。我们该做的是仔细分析出每一个学生优秀的地方，然后因材施教。加德纳的多元智能理论强调，评价内容多元化，是客观评价学生的重要方面。我们需要为学生创设更多的评价空间和机会，注意学生最与众不同的、常让周围人感到惊奇的表现，挖掘学生身上的优势智能。

建议03

活动的宗旨是全员参与，一个也不能少

班前思考

班主任自身具备良好的道德操守和人格魅力，从而在精神层面引领学生，这样固然可对学生起到教育的作用，但是这种教育还只是教师对学生潜移默化的影响，并不是学生主动地进行自我教育。所以，在班主任工作中要经常创设适合学生年龄特点、身心发展、班级特殊情况的系列主题活动，让每一个学生都参与其中，获得收益。

方法/技巧

张老师所带班级升入初二，这个时期的学生正值青春叛逆期，容易出现一些令人头疼的问题。张老师在开学初的班会上向学生宣布：本学期我们要搞一个主题班会擂台赛，将同学们分成四个大组，每个组负责一个主题活动，最后评选出各种奖项。学生们很兴奋，非常认真地投入准备。

其实，这四个主题是张老师深思熟虑刻意制定的，分别是——自制主题、感恩主题、积极的人生态度主题、不断完善自我主题。分组也是张老师刻意安排的——一些调皮缺乏自制力的同学做“自制”主题班会；一些与家长沟通不畅出现逆反情绪的同学做“感恩”主题班会；一些在学习、生活中容易出现抑郁、抱怨情绪的同学做“积极的人生态度”的班会；一些素质不错但发展不够均衡的同学做“不断完善自我”的主题。

到了学期末，张老师班里的四个主题班会也已经圆满完成。学生们非凡的创意和表现力令张老师感动，更重要的是学生们全员参与，在活动中研究主题、理解主题、展现主题，与同伴合作探究，达到自我教育、小组教育、班级教育的主动发展，每个孩子都有了不同程度的自我提升，班集体的凝聚力也大大加强。

在张老师班里无论搞什么活动，都是“全员参与，一个也不能少”！全校“公益广告DV大赛”，张老师的班级是每个同学都写一份公益广告脚本，集体商定选出最佳的创意，全班招募演员，全班同学出谋划策，拍摄过程中遇到问题及时向全班同学通报并集体商量对策，拍摄完毕，全班集体观看欣赏。在活动中，每个孩子都像家庭里的重要成员全程参与，最后张老师班拍摄的公益广告获得全校一等奖。

编后语

一次生动的活动胜过一千句空洞的说教。只要班主任善于把教育工作渗透到生动的班级活动中去，就一定能取得事半功倍的效果。

建议04

让入学教育为人生导航

班前思考

新入学的同学们身着崭新的校服，文雅大方，欢快地笑着、走着，浑身洋溢着蓬勃的朝气，纯真的脸上写满对新的学习生活的憧憬。为了让学生尽快适应学校生活，不论从思想上还是行为上都符合学校的要求，新生入学的第一课便是入学教育。

方法/技巧

新生入学之初，学校会通过一系列主题活动，使新生具备公民的基本道德，行为举止达到学校的常规基本要求，树立学生的基本形象，加强学生遵纪守法意识，强化学生的主人翁意识，增强学生的自豪感和责任感，引导学生树立远大理想，进行人生设计。

除了学校的一系列主题活动外，入学教育的另一条主线是班级特色文化建设。在中学，一切教育和教学活动都是通过学校最基本的活动单位——班级来进行的，班级的文化建设对于学生的教育和学习、成长和成才起着不可估量的作用。学生对集体的归属感、凝聚力首先是表现在自己班级里。

学校会要求在一个学期左右的时间内，每个班级形成特色班级文化，制定班规（班级公约）、班训，设计教室环境、班歌、班徽、班刊、班级网页（博客）等。

在班级特色创建过程中提高班级管理水平，营造健康、文明、和谐、向上的班集体；同时为学生搭建自我管理、自我教育、自我服务和自我发展的平台，增强集体荣誉感，营造和谐校园，提升校园文化的品位。

谈起班级的重要作用，臧老师喜欢说的一句话是“一个班级一个家”。

在她的班级，墙上贴着醒目的班训对联，这是在全班征集再经过同学民主选定的，虽然不是豪言壮语，也不十分押韵，却能代表全班同学对自我的严格要求与期许。“儒雅正直为人，勤奋自律爱班。”这个特别的对联既独到贴切，又深入人心。在这个班的墙面上，除了定期更换的精美板报，以及张贴的不断增加的奖状外，还有同学精心设计的励志标语，如“只有看得起自己，别人才能看得起你”，“好好扮演自己的角色，做自己该做的事”等，都是发自内心很朴实的话语。

编后语

班主任要每年精心选择班级特色主题，设计班级主题活动，使全体学生在参与活动中受到熏陶，促使大家在认知、情感和行动上认同班级特色文化，在设计活动时注重全员参与和形式多样，让同学们都乐于参加，勤于参加。

建议05
从习惯养成着手

班前思考

入学教育最好做到——高中、初中同步教育。高中同学对口负责初中新生，通过学长引领、同伴教育，让新生顺利度过适应期，熟悉校园，领略学校丰富的内蕴和深厚的文化内涵，尽快在思想、行为上达到学校对学生的基本要求。这其中，优秀学生与学弟学妹交流自己的学习和生活体会是不可或缺的一项内容。

方法/技巧

2008年北京将举办第29届奥运会。以此为契机，学校开展了“情系奥运，文明礼仪伴我行”的活动，以选修课、演讲、讲座、展板、板报等形式，开展了校园礼仪教育、国际礼仪教育、观赛礼仪教育等一系列文明礼仪教育，使同学们又受到一次精神上的洗礼。同学们也自发行动起来，严格要求自己，提醒同伴，呼吁社会，养成文明习惯，做一名优秀的中国人。

刘诗洋同学为新生作了题为《优秀是一种习惯》的演讲。他认为初中三年最要紧的是养成好习惯，克服坏习惯。这篇文章在学生的口口相传中成为经典，对新生如何开始在学校的学习生活起到了重要的影响。而此后曾深受刘诗洋演讲鼓舞的初中学生李博受老师的嘱托，基于自己的经验，同时汲取他人的养分，做了《让负责成为一种人生态度》的演讲。他向大家郑重推出一个观点，让负责成为一种人生态度；同时提出六个原则：真诚友善，融入校园；广泛参与，积极主动；目标明确，坚持到底；抵制诱惑，学会选择；注意细节，追求完美；勤于反思，善于总结。

我常常说，我们要做自己的主人。什么意思，就是要有一种信念，有一种魄力，有一种执着，去为自己的明天奋斗。这种信念、魄力和执着的根源在于一种负责的态度。同学们刚刚进入中学，可能对于为人处事和自己的学业还没有深刻的认识，对于我讨论的六个原则也可能不完全理解，也可能心存异议。这是非常正常的。我也是随着年龄的增长和认识的深入才渐渐领悟了当年刘诗诗同学的观点，而一种批判性继承的眼光也造就了一个与他不同的我。

我要说，每一个人都是独特的。只有当你寻找到了与自己相适应的套路，你才有可能迈入成功的大门。然而，他人的经验教训也有相当大的普适性，能使你少走弯路、避开歧途。我希望并相信，大家能够将六个原则贯穿于自己初中的生活中，不断地进步，不停地收获，不住地笑对人生。”

奥运期间，同学们无论在志愿者的岗位上，还是在观赛时，或者其他场合，都展示了良好的文明形象，时时不忘省视自身行为，不断鼓励自己再接再厉，用热心对社会负责。

“他山之石，可以攻玉。”优秀学子的演讲解答了新生学习生活中的困惑和问题，使入学教育更有针对性，更具吸引力，实施的效果更好。

编后语

播种行为，收获习惯；播种习惯，收获性格；播种性格，收获命运。习惯的养成是一个潜移默化、点滴积累的过程；同时也是一个不断自我教育、自我完善的过程；一个学习怎样做人、不断走向优秀的过程。通过春风化雨、润物无声的养成教育，学生播种下好习惯，一路也伴随着沉甸甸的收获。

建议06

新的一天
从国歌声中开始

班前思考

班主任的工作千头万绪，德育工作无疑是一切工作的重中之重。但德育这么浩大的工程，要从哪里着手呢？德育的基础是爱的教育，而其中最至高无上的爱便是对祖国的热爱。梁启超先生在《少年中国说》中指出：“少年智则国智，少年富则国富，少年强则国强，少年进步则国进步。”爱国是最崇高的一种荣誉和责任。

方法/技巧

“要让学生多展示好的品行。”乔老师对德育有自己独到的思考，“否则，就好像穿着漂亮衣服走在黑夜里，谁也看不出衣服的漂亮。”

乔老师认为最应该展示的是爱国情感。怎样用一种集体形式，让学生体验民族的凝聚力和自豪感？乔老师想到了唱歌：“我很喜欢那首《歌唱祖国》，我想让学生也人人喜欢。”

但是出乎他意料，学生们没什么反应。

“哎，你们是不是不会唱啊？以前没学过？”乔老师问。

学生们低着头，就是不出声。乔老师点名叫几个活跃分子和自己一起唱。可是，乔老师唱得热血沸腾，学生们却只是被动地跟着哼哼。

“可能是以往的爱国教育太空洞，学生有些抵触。”乔老师并没放弃，耐心等待着更合适的时机。

几个月后，著名时事评论家阮先生来学校作讲座。阮先生讲到一个细节，在美国，中小学生每天早晨都要对着国旗宣誓效忠。并提出随着中国在世界上占据越来越重要的位置，中国人应具备大国民素质，尤其希望我们中学生能永远把祖国放在自己的心中。

借着阮先生的讲座，怎样表达爱国情感的话题又被乔老师提了出来，他立刻安排班干部组织班会讨论这次演讲，班会主题是“大国民思想”。经过认真的讨论，学生们形成了共识：爱国不是老土，也不是形式主义。大家决定，从4月5日起每天早上放国歌，并目视班级黑板上方的五星红旗唱国歌。要在国歌声中开始每一天的学习。

第二天一早，雄壮的国歌声从乔老师的班里传出。学生们全体肃立，向教室前面的国旗行注目礼。这个仪式从此被固定下来。

当爱国行为通过一种集体的形式表达时，会有很强的感染力和震撼力；在一种集体的氛围展示爱国情怀，这种力量不只是简单的叠加。

在一次升旗仪式上，张丽代表全班同学谈到了自己的感受：

清晨，早读前，当您来到高中教学楼，一定会听到班级里传出的庄严嘹亮的国歌声。那是班级同学们每天的仪式：全体同学和老师起立，目视国旗，高声齐唱国歌。看着高高悬挂的五星红旗，听着雄壮的国歌，我们心中充满了责任感：我们是祖国的未来与希望。我们要时刻铭记着祖国的召唤，为祖国的繁荣富强贡献自己的力量。新的一天就这样从国歌声中开始了。

作为祖国未来的接班人，我们应该继承先烈遗志，发扬革命传统，肩负民族重担，用我们嘹亮的歌声来表达自己生为中国人的荣耀与自豪，来表达对祖国的崇敬和热爱。现在咱们学校的很多班级已经开展了在清晨唱国歌的活动。在此，我也提议，能否有更多的班级也加入到这项活动中来。让我们每天的学习与生活都在这激昂的国歌声中开始。让国歌真正的深注我们的心底，缭绕不息……

还有一位同学在随笔中写到："如今的中学生缺乏爱国主义精神一直是社会所担忧的问题，因此这项活动很有意义。这个活动不仅能使我们更加热爱祖国，也能让我们变得更有责任感——对自己负责，对家人负责，对社会负责，对祖国负责。我们还会变得更团结，更无私，多为别人考虑，而不是凡事只想着自己。我想这为中学生爱国主义教育提供了一个很好的范例，让热爱祖国成为一种义务，溶入到青少年的血液中。相信会有那么一天，全国的青少年于每天清晨高唱国歌，誓为祖国效忠。"

编后语

爱国教育不是空洞的，不是形式主义，作为教师，不但自己爱国，更重要的是培养学生的爱国情怀，通过春风化雨的教育，赋予爱国教育时代内涵，将爱国情怀渗透到学生的日常生活和学习中,让学生深层次地理解怎样做一名有责任感的中国人，怎样理智地爱国。这无疑将影响学生的一生。

建议07

温柔地触动感恩的琴弦

班前思考

很多年轻的班主任刚接手一个班时，对学生倾注了所有的热情，可是当这份付出得到的是让人手足无措的玩劣，是状况不断的混乱时，我们要学会试着将言语的交流化作目光的交流，将鼓励、信任的眼神一直投向他们。因为，教育不必装饰成豪情万丈的伟岸，孩子们需要的，是温柔的征服。

方法/技巧

感恩节。在班主任肖老师和全班同学的精心策划下，初二（1）班“老爸老妈感恩节快乐”主题班会拉开了帷幕。家长在孩子们从一楼至二楼一字排开手捧鲜花的迎接队伍中走进学校的音乐教室，和自己的孩子坐在一起参加这次特殊的班会。

所有的灯光熄灭了，一群手捧蜡烛的女孩子一起开始表演“感恩的心”，就像一个个天使营造了一份温馨和感动。班主任肖老师宣布“老爸、老妈，感恩节快乐”主题班会开始。

主持人发出倡议：“下面，请同学们起立，面向父母，深深鞠躬，双手奉上你为父母准备的感恩节礼物，对养育了你十几年的至爱双亲大声说出‘老爸、老妈，我爱你！’并送上你最倾情的感谢和拥抱吧。”

接着，一曲曲抒情温暖的音乐仿佛打开了生活中的无数扇窗；一段充满青春活力的健美操，立时为在座的每个人注入了健康和快乐；一篇篇美文佳作，让大家感受到语言的魅力；更有一句句、一个个来自生活，来自身边的感人的话语、感人的故事，一次次令在座的许多人热泪盈眶。这些表演，都是孩子们送给父母的感恩节礼物。

每一个感恩节礼物亮相后，学生主持人都会采访收到礼物的家长。

张强的外公抢过话筒说：

“我今年72岁了，在国内外也算见过世面，但没有见过这么好的学校和老师！今天我有幸来参加张强的家长会很受感动，也很感激，非常感谢学校！我也要特别感谢我的外孙，在我外孙出生的那个月，我做了胃癌的切除手术，至今已经快14年了，我今天还能健康地活着，全靠我外孙的“孙子疗法”，他经常逗我们开心，陪我们聊天，无论多忙多累也要挤出时间陪我遛弯。冬天他还钻到我的被窝里当我的小暖炉！我的那些老同事都非常羡慕我呢！每年到医院复查，医生都说我创造了奇迹，实际上是我的孙子给了我新生。”

徐可欣的爸爸十分激动，他说：

对这代孩子来讲感恩有现实意义，也有历史意义，有特别深的意义，特别感谢大家付出的努力。今天还要加一句话，就是感谢我的孩子。原来没想过，老想感恩别人，没把自己的孩子列在内，今天要特别感谢一下我的孩子。孩子是我们的希望，但绝对不仅仅是希望，她不光给了我希望，更重要的是给我们全家带来了欢乐，带来了幸福。

……

这次班会，一直延续到晚上八点多钟，许多家长和孩子意犹未尽、不舍得离开。孩子们展示了他们的内心想法和平时很少表达出的感情，父母和孩子相互表达和沟通，让彼此更多了一些理解。

编后语

感恩于父母是人类最基本的情感，也是最基本的德行。关于这个主题，还有很多：《好一束康乃馨》《感谢母亲》《你最珍贵——感恩系列主题班会》《品味母爱，享受真情——爱与情感系列教育之家庭篇》《孝敬父母》《爱的声音——悟〈论语〉之爱与孝》《爱，从爱妈妈开始》《母亲——青春的守护》……相信学生们一定会把这些班会作为永生的纪念来回味，会把自己感恩的心情，变为自己在人生道路上健康成长的动力、努力学习的动力。

建议08
让学生发自内心地感受到生命的美好珍贵

班前思考

如何让学生发自内心地感受到生命诞生的美好、珍贵、意义和价值，并且深刻认识到每一个人的生命（包括自己的生命）都对人类社会的发展有意义？如何让每一位学生都积极主动参与到课堂教学中来，并对生命的意义进行探究，对父母感恩，对生命感恩？这些方面是生命教育的重点，也是难点。

方法/技巧

一天下午，初一（2）班的孩子们和妈妈们一起上了一堂难忘的主题班会，班会上放映了一个剖腹产的幻灯片。当孩子们看到正在进行剖腹产的母亲痛苦挣扎的场景时，孩子们流泪了，妈妈们也流泪了。一个生命的孕育是辛苦的，一个新生命的诞生则更是艰辛。此时，孩子们对母爱有了更深层次的理解，终于懂得了母爱的深刻内涵，而对此母亲们也感觉到——孩子长大了……

这是一堂主题为"生生不息的爱——生命的孕育与诞生"的生命教育课。

经过充分的前期准备，任课教师李老师与初一（2）班的班主任冯老师商量，在这个班开展一堂生命教育课，准备将学生平均分成六个组，每组都有女生和男生，自愿组合，并由学生选出心理小组组长、执笔人、发言人等。冯老师非常支持，立即通知学生，组织分组。

上课时每个小组都围成圈坐在一起。在每个组的桌上都有一张大白纸，红黑蓝三支彩笔。初一的学生没有这么上过课，都非常好奇，静静地期待着。

"什么是世界上最让人惊叹的奇迹？"上课伊始李老师便笑着问道。"是在月球上依然能看见的万里长城？是埃及的金字塔？登月旅行？是我们通常说的七大奇迹吗？……"学生们顿时活跃起来，七嘴八舌地说着各自的看法，李老师依然微笑着，点头回应着每一位说出自己想法的学生。突然，有位同学轻轻说道："是生命吧？"李老师捕捉到了这个声音，同学们也渐渐安静了，纷纷点头表示赞同。

"是的。"李老师说道，"生命是世界上最让人惊叹的奇迹！人类生命的孕育是两个细胞创造的奇迹，是母亲与孩子终身亲密联系的开端，也是母亲和孩子为了生命本身而共同努力的伟大过程。"

“下面我们一起来看看生命是如何孕育，如何诞生的？”她播放了一段精心截取的拍摄精美的视频，有关父母相爱，精子和卵子两个生命细胞相遇、形成受精卵的过程，细胞分裂等等。学生们目不转睛地观看着，没有窃窃私语，感悟着、思考着生命的奇迹。

“人类的生命从孕育到诞生，以及成长的每一个过程都充满着奇迹。在座的每一位同学的生命是不是美好的？”李老师问道。同学们都点头称是。

“下面我们一起来了解一下我们的生命是如何诞生的？——目前有两种接产方式，一种称之为‘平产’，另一种称之为‘剖腹产’。”

接下来同学们观看了婴儿诞生的两段视频。全班同学都鸦雀无声。同学们直观地感受到母亲孕育生命的不易、分娩的艰难历程，无不为之动容，受到震撼。

“两段视频我们看完了，是不是有感要发，有话要说？下面我们用10分钟的时间进行小组讨论，想一想：一个健康的孩子诞生，母亲要经历的妊娠反应，激素的微妙变化，直至经过艰难的分娩过程。在小组内分享你的感受。记录员负责记录，小组发言人归纳整理，代表自己的小组把本组讨论的内容与全班同学分享。”

每位同学在小组内都积极踊跃发言，用充满尊敬的口吻谈自己生命的存在，谈对父母养育的感恩之情，展开对生命价值的思考。孩子们说：“我们的生命不仅仅属于我们自己，属于我们的家庭，更属于我们这个社会。我们不仅是自然人，更是社会的一份子。我们会更加珍惜我们的生命。让我们的生命对祖国更加有价值、更有意义。”

六个组的发言人一一走上讲台，将本组的讨论内容贴在黑板上。“每个人的生命都是值得感恩的奇迹！”作为班会的尾声，师生共同唱起《感恩的心》。

编后语

这节生命教育课虽然已经结束，但永远不会结束的是学生们对生命的珍惜，对母亲的感恩。

建议09

生命教育是德育必不可少的一环

班前思考

生命教育是德育工作中必不可少的一环。学校应把开展红十字活动列入德育的重要内容，因为红十字的精神是“人道、奉献、博爱”。开展好红十字活动，可以让学生更加珍爱生命，既学会自我保护，又能在必要时救助他人。

方法/技巧

五一假期，初二（5）班组织学生到远郊春游。辛苦了数月的学生如鸟儿投林，三个一群，五人一伙，欢声笑语荡漾在满眼翠绿的大山里。

中午时分，年轻的班主任宁老师与学生周涌、张天田、李蕊和金泉等边聊边往山下走。途经一个水潭的时候，见外校两个男生在齐腹深的水中嬉水，他们没有在意，继续向前走着。

突然，背后传来了“救命啊”的呼喊声。师生们急忙回头，只见站在岸上的一个男生拼命呼救，他手指着水潭，而那两个嬉水的男生不见了。

师生们知道险情发生了，箭一般飞奔至水潭。宁老师虽然是个小伙子，却并不会游泳，几个学生水性也很差，但他们救人心切。在宁老师的带领下，师生们组成手拉手的“人链”，向落水的男生靠近。

此刻，在水中扑腾的高个子男生，被张天田、金泉奋力救起，脱离了危险。可是，另一个溺水的男生却只露出背部的校服，一动也不动了。宁老师一米七四的个子，潭水已没到他的脖子，他费劲地拽住那时隐时现的校服，将昏迷的男生拖到了岸边。只见这位小个子男生脸色苍白，嘴唇青紫，已经停止了呼吸。

怎么办？宁老师和张天田、金泉来不及多想，立即将小个子同学倒提起来控水，却没有明显效果。这时，李蕊想起了前一天她在学校参加红十字会自救互救培训班时学的方法。平时，李蕊是个连小虫子都害怕的女孩子，但在危急关头，她只有一个信念：我要试一试，我一定要用学到的本领救活这个同学！她马上请老师同学把小个子同学放平，自己则“咚”地跪了下来，采取仰头举颏和打开气道的办法抢救。

按照规则，抢救者将一手置于溺水者前额并下压，使其头部后仰，另一手的食指和中指放于靠近颏部的下颌骨下方，将颏部向前抬起，帮助头部后仰。畅通呼吸是复苏成功的重要环节。抢救者应先将溺水者衣领等解开，同时迅速清除其口鼻内的堵塞之物，以打开气道。

李蕊做得丝毫不差，为了防止小个子同学无脉搏搏动，她用掌根挤压他的胸部。小个子同学渐渐有了微弱的反应，可李蕊已经累得大汗淋漓。于是，浑身湿透的周涌，顾不上休息，马上接替李蕊，继续为小个子同学做心肺复苏，用力扣击心脏。

经过20分钟的抢救后，小个子同学终于"咯"了一声，恢复了知觉，接着"哇"的一声，吐出了大量的脏水脏物，慢慢地恢复了正常的呼吸与心跳。

这次成功的救助成为轰动当地的美谈，也得到了红十字会专家的高度评价。

事后被救学生还专程来到学校，感谢师生们的救命之恩。各媒体分别报道了这个故事。学校在升旗仪式上专门介绍了这个故事，号召同学们向这四个同学学习。

编后语

这样一次救人的行动，胜过百节德育课。这是学校教育的结果，它本身又是最好的教育。

建议10

让日行一善成为学生快乐的来源

班前思考

文明浓缩在细节中，文明的点滴光彩正是从小事中折射出来的。文明礼仪是一种气质，是一种行为，更是在日常生活的琐碎细节中所表现出来的一个人的品格。

方法/技巧

朱老师特别注重在日常行为中培养学生文明礼仪。学校开运动会时，天气很热，一位细心的女生为老师打起了阳伞。朱老师心里一动，私下安排一位男生也来为自己打伞。这种特殊方式的引导，让别的学生看在眼里，也纷纷效仿，老师到哪儿，伞就到哪儿。

运动会开完了，朱老师在班会上出了一道思考题：大家都在太阳底下，有了伞，该先给谁打?

“先给老师打。”学生们回答。

“很好，这说明你们懂得尊敬老师。”朱老师没有推辞，“如果还有多余的伞，又该给谁打呢？”

“给女生和生病的同学打。”一个男生抢着说。

“对了，这才像男子汉。我们的男士很有风度，这个时候懂得礼让女生，将来工作后，自然会礼让女同事，成家后才会尊重自己的爱人。”朱老师对学生们的回答很满意。

为了培养学生的文明习惯，朱老师提出让每位同学“日行一善”，每天做力所能及的小事，带给别人一份温馨，带给自己一份安心。日行一善，成为很多同学快乐的来源。

编后语

当一个人能够尽自己的能力帮助别人时，他感到了幸福。每个人在努力传递这份幸福，感染周围的同学，共同分享助人所带来的快乐。

建议11

网络社区是一种高效的班级管理模式

班前思考

教育者掌握新知识很重要，老师要跟上时代的步伐，充分利用现代新技术增加和学生的思想交流，网络平台就是做好教育工作的一个重要工具。班主任在这里和学生进行心灵与心灵的沟通，学生感受到的是老师浓浓的关爱，老师收获的是学生充分的信任、尊重。

方法/技巧

为使班级做到形散神不散，很多班主任老师利用网络组织主题班会，开展主题讨论，凝聚人气，振奋精神。为主持班会，回复贴子，解答疑难，很多班主任老师工作到深夜。

为了培养班级学生善于挑战自我、勇于面对激烈竞争的良好心理素质，吴老师给每一个学生都明确了个人奋斗目标，从卫生包干到学习成绩，从听课的认真程度到作业的独立完成，人人都有竞争对手，个个都有超越目标。一次，一个学生在班级论坛上发了题为“竞争”的帖子：“竞争对手能不能不公布？”学生纷纷跟帖，各抒己见，多数学生表示不要公布竞争对手的观点。吴老师也在上面跟了帖子：

如果问一只小鹿在什么时候跑的最快，答案自然是后面几米的地方有张着血盆大口的豹子追赶的时候；如果问动物园的狮子和非洲草原的狮子谁更厉害，无疑在残酷的竞争中生存下来的后者要比前者强几十倍。对失败的恐惧是与生俱来的，成功者便是战胜了这种恐惧，未雨绸缪，用自己最好的状态笑对竞争对手的人。从这个意义上讲，班级需要竞争，同学间需要竞争，竞争才能让班级和每个同学更具生命力。

寥寥数语，用简单的现象诠释复杂的道理，很多学生在跟帖中表达了最大程度的认可：我懂了！

在一次班会上，吴老师非常认真地向全班同学公布了自己的QQ号，并声明欢迎同学们在网上隐藏身份与她聊天谈心。这赢得了全班的热烈掌声。此后，每天晚上吴老师都挂在网上。可以说，QQ给了吴老师与学生情感交流的最大空间，共同激扬文字，探讨人生。不再有师生间直面相对的尴尬，不再有师生间心理距离，不再有学生面对老师的心有余悸，从学习到家庭，从老师到学生，从生理到心理，从现在到未来，QQ上的学生个个都变得如此直言不讳。这样一种情感上的不设防，使得学生可以“近朱者赤”，老师有最好时机对学生成长的要求“随风潜入夜”。因而，吴老师与学生有了更深的感情，更多的默契和心领神会。

班上有名同学，平时经常迟到、旷课，上课东张西望，吴老师多次请家长，期望共同教育他，但效果总是不理想。这名学生在网上向老师敞开了心扉：

老师，我也要求进步，但您得给我时间。我最伤心的是，您在班上对众人皆知的我不点名批评，只要想到您的批评，我就一点信心也没有了。

想不到自己不经意的“比较艺术的”不点名批评，居然对学生产生了这么大的影响，竟然对学生带来如此大的伤害。

吴老师特意在QQ上给这位学生留了一封致歉信。以后针对他心理敏感特点，更加注意教育的方式方法，尤其在他生日那天，在QQ上为他送上了生日贺卡。这名学生从此后像变了一个人似的，班级的事情抢着做，上课也专心听课了，成绩明显提高。这样的表现让他的父母都感到惊奇：这孩子越来越懂事了。

如何用好网络这把双刃剑，以学生喜闻乐见的形式走进学生的心灵深处，更多地打动人心，更快地影响学生，更好地铸就灵魂，无疑将是吴老师现在和将来都必须面对的一个重要课题。

编后语

全方位的网络教育社区，成为学生自主学习、自主教育、自主发展的一个平台，架设了家校、师生、同学联系的桥梁，更成为学校有效开展教育活动的一块阵地。

建议12
班级博客 构建“理想大厦”

班前思考

教师博客的产生和发展，对现代教育事业带来了强大的冲击，它极大地促进了现代教育事业的发展，促进教育模式走向多样化。在传统的“学院式教育模式”外，一种新型的教育模式开始出现，开放的“超市化教育”必将促进现代教育向多样化的方向发展，更加适应现代青少年学生全面发展和健康成长的需要。

方法/技巧

刚一开学，初一（2）班的班主任刘老师就和同学们一起建立了一个名为“思想者”的班级博客，把自己的班级建设思想通过这个平台向同学们发布。慢慢地，这个公共空间就成了初一（2）班网上的精神家园，师生们在这里一起讨论并决定班里的事务。

刘老师设立了“思想建设”、“组织建设”、“作风建设”三个文件夹，根据班级实际，增设了“文化建设”文件夹。为了抓好组织建设，他还为班级各部门单独设立了文件夹。如“班长”、“生活部”、“卫生部”、“纪检部”，要求班委同学每周日之前把工作总结上传到相应的文件夹里。为了更好地落实班级日常工作，他们设立了“课堂”和“作业”文件夹。

通过一学期的实践，博客在班级管理与建设中确实起了非常好的作用。它不仅仅是个工具，比这个工具更重要的是，它体现出来的班级管理与建设思想。

通过博客上的一篇篇工作总结、思想认识总结、布置班级任务的建议等，刘老师看到了这样一个虚拟的网络论坛不仅提高了学生的文字表达水平，也正在悄然提高学生的自主管理能力。

本周工作总结

云水天长　　　　　　　　　　　　　　　发表于2010-12-20

这周同学们的表现整体上非常好！但有个别人，还存在一些问题，在这里，我要点他们的名，请大家务必记住，这并不是批评，而是提醒，大家都要监督、帮助他们：宋然、赵中、王兴，还有坐在后排的一些同学。我希望这些同学能在下一周更自觉，有改进。

下面我对本周的班级情况做一下总结：

1. **上课**：这一周的上课纪律非常不错，很多老师都表扬了咱们班上课纪律很好，我相信，这是我们初一（2）班每一个人的光荣，所以，下一周我们还要继续保持这样良好的纪律！

2. **卫生**：这周卫生情况也很不错，但需要提醒值日生的是，教室前门后的一块儿要及时打扫，整理好笤帚、墩布、垃圾桶和簸箕，让那里保持干净。还有就是冯佳和李铁的位子周围卫生很不好（如同郝威随笔里说的一样），请这两位同学注意！

3. **作业**：这几天早上交作业的情况整体来说也不错，但很多同学总是晚交作业，这样对课代表的统计工作造成很大影响。咱们的规定是，7:45之前必须交完所有作业，过时就请课代表不要收，算作一次没交作业，在7：45时统一记。

4. **上操**：本周上操站队比较快、静，但同学们还是要增强集体意识。上操的情况可以体现出一个班的整体凝聚力和组织力，所以大家一定要很快地站好队，让我们二班成为全校站队最快、最齐的班级，让其他班同学对咱们刮目相看！

以下是下一周的值日班长名单：

周一　赵中；周二　曹午；周三　黄玉；

周四　王兴；周五　叶子。

请各位值日班长负起责任，管理带领好同学们！加油吧！

下周咱们班的工作重点是作业方面，哪位同学有很好的建议，就请发到博客上，咱们同学们可以一起讨论！ ^o^ ~~~

加油加油！！！

在“回复”里还可以看到班委会同学之间的互相鼓励。刘老师对这篇博文的评价就是：有理、有力、有节。

刘老师还特别有感于博客里，时不时出现的对班里不好现象的“批评与自我批评”。一个好的班级不是不出现问题，而是有没有勇气，有没有能力解决这些问题，学生的表现则让他感到十分欣慰。

许志安在博客上这样总结体育课的情况：

这周情况总体来说不错。大部分同学都能自觉遵守秩序，虽然我以前批评的一些同学（我就不再点名了）表现还是不太好，但他们都有进步，在这里提出表扬。

这周有些同学说我也说话了，我回想了一下确实是这样。我记得上次我也受到了批评，我很对不起大家。如果我还有不好的地方，请大家指出来，我会努力改正的。

大家要努力啊。

许志安的那种自我批评的精神还带着些孩子气，刘老师看了觉得很有意思。

实际上，每一位同学写博文的过程也是不断提高自己组织管理能力的过程，对比许志安的第一篇博文，他在这一学期思想上成长的历程可见一斑。如今，经过两年多的实践，“思想者”成为刘老师和学生一起管理与建设班级的一个很好载体。

编后语

在这样一个公共空间里，每个孩子都是平等的，谁都可以发帖子，谁都可以进行评论，民主地参与班级的管理与建设。以前，班主任工作很大的一个困难是，没有多少时间共同处理班级事务，而网络可以不受时间、空间的限制，可以提供给师生共同管理班级事务的空间和契机。此外，家长们可以在班级博客上随时查阅班级的情况，了解孩子在学校的表现，可以更好地配合学校的工作。

建议13
在网上跟学生进行智慧的博弈

班前思考

“教育，常常是跟学生进行智慧的博弈。”而现在的学生都是成长在网络时代的学生，他们见多识广，知识丰富，心存高远，如果班主任不能适应网络时代学生的需求，仅凭传统说教，教育的针对性、有效性就很难得到落实，更别说班主任对学生教育的久远性了。

方法/技巧

第一次当班主任，彭老师发挥专业特长，将班级网站作为教育的重要途径。为使家庭、学校和社会成为一个有机的统一体，展现“无限网络，无限教育”的美好前景，彭老师把信息技术、网络教育、课程教学整合起来，建立了一个名为“美高乐”的个人网站。

打开这个网站就像走进一个五彩缤纷的世界，里面不仅有个人专栏、资料中心、课堂学习、论坛答疑、论文集锦、资源导航等模块，还有聊天室和家长论坛。

彭老师班上有一名男生，对数学兴趣不大，数学成绩在班上总是倒数一二名。这名学生越学越没自信，心理压力也越来越大，平时沉默寡言。彭老师便通过这个网站经常给他发邮件，鼓励他，对他进行个别辅导。上数学“数据的搜集和处理”这一章之前，她给学生布置了一个任务：搜集和处理某一个方面的数据，并交给了他们搜集和处理的方法。

上课之前，每个同学都将自己搜集的数据上传到网站的资料中心。彭老师发现那个男生搜集的是曼联足球队一个赛季的成绩和每个球员的进球情况，并利用EXCEL软件对这些数据进行了分析处理。她心里一喜，因为这个学生以前从未使用过这个软件，这次他主动学会了。更可喜的是，他搜集和处理的数据与众不同，有声有色，图文并茂，结尾是他最喜欢的一位曼联主力球员的球衣。

彭老师在对同学们交上来的“成果”进行分析讲评时，对这名男生的作业进行重点讲评，认为他搜集和处理的数据有个性，有创意。然后又让大家在网上对全班同学的“成果”进行网上投票，结果得票最多的是那个男生。还有不少同学给他发帖子，有的说“你真棒！”有的说“你是最好的！”

那位男生找回了自信，笑容又回到脸上，也渐渐爱上了数学。

在这样的教学活动中，教师是学生学习过程中向导，引导着学生通过研究、探索获得对问题的认知；教师是学生的欣赏者，这种欣赏给学生的是从未有过的自信。此外，家长与家长、家长与教师还可以在这里交流，探讨孩子的培养教育问题。

3月到了，到处都在开展学雷锋活动。可是，学生每年都学，活动也大同小异，早就厌烦了。彭老师觉得，重要的不是设计一次新颖的活动，而是首先在观念上澄清学生的认识。

“在今天这个时代，学雷锋是否还有必要？”在一次网络主题班会上，彭老师提出了论题。学生们分为正反两方，展开了辩论。

网络的交互性这时充分体现出来：在传统的班会上，一人讲，众人听，内向的学生很少会主动发言。而在网络上，每个人都可以畅所欲言。

学生们都以跟贴的形式，阐述个人的观点。短短40分钟，论题下的跟贴竟有43页，数百条之多。双方不相上下。渐渐地，反方变得雷声大、雨点小。到后来，一些反方学生觉得自己的观点站不住脚，干脆也站到正方这边来发言。

“呵呵，他们‘弃暗投明’了。”正方学生都乐了。此时不用老师说，学生就会有自己的价值判断。彭老师让学生完成了一次自我教育。

编后语

在目前的班主任实践中，尝试用班级管理的网络平台教育学生、影响学生，把网络对学生的巨大诱惑变成网络对学生教育的极大作用，能起到令人意想不到的教育效果。

建议14

强调自主管理，但不强迫

班前思考

学生作为教育主体，学校、家庭、社会一切教育的出发点，都是为了培养具有健全人格，自立于社会的人。但受教育者主体作用的发挥直接关系着教育的实效性。苏霍姆林斯基说过：“教育这个概念在广义上就是对集体的教育和对个人的教育的统一，而在对个人的教育中，自我教育是起主导作用的方法之一。”他强调：“真正的教育是自我教育。”

方法/技巧

画面一

早上检查家庭作业，班主任发现有好几位学生语文、数学作业都没有完成，大怒："回家怎么做作业的？全都马马虎虎，看看你们这帮学生，到底想不想学习啊？真让人失望！"

画面二

早晨检查卫生，地上没扫干净，垃圾没倒，班主任大发雷霆："看看，卫生都没人管，这个班级像什么样？"

画面三

课间，学生吵吵闹闹，教室里一片混乱，两个同学还在打架。听到学生的报告，班主任进来把讲台一拍："像什么样子！课间都不要出去玩了，全班罚抄课文！"学生们嘟囔着："又不是我们的错，干吗罚我们？"不服气，也委屈。

相信这样的画面，很多班主任不陌生，都曾在自己身上发生过。特别是听到任课老师私底下抱怨："教这个班真没劲"，"这是一个差班，没几个像样的学生"。这些话让做班主任的脸上无光，于是就有了一次次的批评、训话。但结果呢？作业不做或不认真做的越来越多，班级卫生也是一塌糊涂，纪律呢？更是让人摇头。

政治学家威尔逊和犯罪学家凯琳提出的"破窗理论"认为，如果有人打坏了一个窗户玻璃，而这扇窗户得不到及时的维修，别人就可能受到某些暗示性的纵容去打坏更多的窗户玻璃。久而久之，这些破窗户就给人造成一种无序的感觉。很多时候，当一样事物完美的时候，大家都会去用心维护它，一旦它出现了残缺，大家就会去加速破坏它，认为反正是破的，再破点也无所谓。同样，在班级管理中也存在这种现象。

心理学家还有一个"教师期望效应"理论。美国心理学家罗森塔尔来到一所学校，以赞赏的口吻将一份最有发展前途学生的名单交给相关老师，并叮嘱他们一定要保密。几个月后，奇迹出现了，这些学生的成绩有了较大进步，各方面表现优秀。其实，名单上的学生是随机挑选的，只是在这个过程中，教师的期待对学生的行为产生了影响。对于班级，同样也存在教师期待效应。班集体也有自身的生命，如果你传递的是积极的期望，就会促使其朝好的方向发展；否则，只会加速其向坏的方向发展。

所以，班主任要切记，在批评学生的时候，要有针对性，不要迁怒全班学生。对个别问题，应就事件本身进行理性分析，指出改进的方法。尤其要给予学生积极的期待，让全班学生意识到自律和自主管理的重要性，逐步规范和建立自律习惯，倡导“唯自律，可成人”的理念，从点滴小事入手，充分发挥学生自主教育、自主管理、自我服务的职能，让学生体会到自主管理的成就感和荣誉感，达到“修身、治校”的认识高度。

编后语

为了能使学生抵制诱惑、健康成长，教育他们树立责任感、增强自律性显得尤为重要。只有调动学生的积极性，引导学生自己发现自己身上美好的东西，认识自己的优势，并发展这种优势，不断自觉地战胜自己的弱点，加强明辨是非的能力，增强自我控制的毅力，在自主创设的活动中，培养兴趣、增长才干，才能真正地引领学生的精神成长。

建议15

引导学生寻找身边的榜样

班前思考

榜样是校园文化中最重要的引领者。做教育工作，塑立榜样很重要。在学生中应该注重榜样的树立，广泛开展赏识激励教育，引导学生在身边寻找自己的榜样。

方法/技巧

学校可以开展“校园十杰”、“百名优秀学生”的评选活动，或推出“寻找身边的榜样”的大型表彰活动，通过同学们自己提名、自己评选，各个班级、年级选出自己身边最优秀的10个榜样，分别授予“勤学精思”奖、“博学多识”奖、“团结友爱”奖、“文明礼仪”

奖、“奋进自强”奖、“勤俭节约”奖、“组织策划”奖、“爱心奉献”奖、“突出特长”奖、“杰出人才”奖等10个奖项，囊括了优秀学生应该具有的方方面面的品质，使品德优秀、有突出特点的学生都能够受到表彰。

榜样的力量是无穷的。要看重的是评选榜样的过程，因为这是宣传榜样、教育同学的最好契机。

以“寻找身边的榜样”大型表彰活动为例，整个评选程序分为三步：首先各班进行民主评选，然后各年级在各班民主评选的基础上开展年级联评，每种奖项向学校推选出一至两名学生代表，最后进行全校学生奖项的评选。

整个评选过程也是同学们展示自我和相互学习的过程。在评选的同时，学校还开展大规模的宣传表彰活动，也是从班级到年级逐层进行，教学楼的门厅和各班门口都摆放上表彰榜样的精美的展板。同学们随时随地可以观看并受到教育。学校里利用每周的升旗仪式安排一个年级向全校同学介绍本年级推选出的“身边的榜样”，宣传优秀学生的事迹，号召大家学习。

与此同时，配合学校大型表彰活动，每个班级也开展班级表彰活动。某校初一年级某班全班同学都获得奖励，墙面上贴满了奖状，一位家长满怀感慨地留言：“感谢学校为孩子搭建了快乐成长的平台，让孩子们在不断被赏识的环境中健康的发展。”

另一位家长在看到“年级之星”的展板后很有感触，他说：

看得出每张展板都独具匠心，颇有创意，所有精心的设计都在努力衬托那些被选为“年级之星”的孩子的照片，旁边还有班里同学对这些孩子的文字点评，有一位“年级之星”的照片旁边有这样一句话：“你是我们全班的骄傲”。有的优秀同学在展板上留下了自己对自己的评价，文字中飞扬着个性，充满自信，有一位女同学是这样写的：“从不为了学习放弃爱好，只求拥有一方属于我的晴空；从不膜拜他人的行为衣饰，只求保持一点自己的独特；从不掩饰泪水假扮深沉，只求心灵还在鲜活的成长。”

编后语

水不激不跃，人不激不奋。赏识教育在校园蔚然成风，赏识和激励激发了每个学生的生命活力，燃起他们的希望之火，使每个学生在获得成功的喜悦中不断走向更加成功的未来。

建议16

班主任要会
神奇“忽悠术”

班前思考

教育的原点是立人，立人的原点是立德。教育是一项阳光的事业，它博大精深，深沉无私，流淌着崇高的情感和动人的情怀，是一项包含着爱的事业。

在这里，“忽悠”就是点化、夸赞、欣赏的代名词，班主任如何能够让学生守纪律、爱学习、做好人、做好事，那就需要神奇的“忽悠术”。

方法/技巧

这个蛋糕是多么漂亮啊！这可不是什么生日庆祝会，也不是新年联欢会。这个蛋糕是为刘老师班的同学在参加完初二年级篮球联赛后准备的。你一定会说："他们班得冠军了吧？"其实，刘老师所带班级打篮球的实力并不强，他们在参加了第二场小组赛后被大比分淘汰出局，而且这个结局是在抽签知道对手班后刘老师就已经预见到了。大家一定会奇怪：难道失败也值得庆祝吗？

刘老师想让孩子们知道，失败在人生中是件正常的事情，我们在做一件事的时候，大家齐心努力，尽力而为，享受过程也是一种幸福。刘老师还和班委会的同学一起为所有参加篮球联赛的同学准备了一张特别的奖状，奖项有"最佳投手"、"精神领袖"、"未来奥尼尔"等，一位没上场的替补队员也得到了属于自己的奖状。全班同学在失利后没有悲伤、哭泣，大家一起分享甜美的蛋糕，失败后依然是张张坚强、幸福的笑脸！

让刘老师欣慰的是，当她全身心地爱着她的学生时，她也时刻收获感动和爱，也拥有了家一般的温馨。

刘老师为学生送上惊喜的时候，学生们也为刘老师带来了一份大大的惊喜，升入高中的近40名同学一起在中午来看刘老师，在凛凛冬日中刘老师和学生们站在操场上却一点不觉得冷。刘老师每每看着他们在贺卡上的一句句温馨的话语，戴着他们送上的围巾，总是能体味到付出后的幸福与满足。

编后语

美国心理学家詹姆斯说过："人类本质中最殷切的要求是渴望被肯定。"所以，鼓励和欣赏是永远也不会过时的教育方法。老师的赞赏，会像春雨润物，点点滴滴浸润到学生心里，作为回报，学生会把他们的信任送给老师，会用他们的成长报答辛苦的园丁，这大概是作为老师能够体味到的最大的幸福。

每个班级是一个温馨的小家，这一个个温暖的小家，就构成了一所所幸福的学校。

建议17
找准地方与学生谈心

班前思考

但凡做班主任的，总免不了与学生谈心。

谈心的原因有很多种：当学生犯错时，老师要找他谈心；当学生遇到学习上的困惑时，老师要找他谈心；当学生与学生间出现矛盾时，老师要找来谈心；当父母与孩子间出现问题时，老师还是要与学生谈心。

谈过后呢，我们会发现：有的学生有了明显进步，可有的学生还是老样子。有的老师谈心有方法，学生愿意听；可有的老师苦口婆心，无论说什么，对学生不起作用，甚至令学生产生逆反心理。

为何同样是谈心，却出现迥然不同的效果呢?

方法/技巧

一次晚自修，一位同学与同桌偷偷溜出去吃肯德基。虽然在晚自习结束之前赶回教室，但班主任赵老师还是知道了。3天过去了，赵老师并没有找他们谈话。学生心里有点窃喜：啊，老师可能原谅我们了。周五晚上，赵老师邀请他们出去散步。学生们很高兴，只是不知道老师葫芦里到底在卖什么药？走着走着，赵老师带着他们到了一个地方——肯德基。

“老师，您是不是走错地方了？”看着学生一脸迷惑，赵老师笑着说：“今天老师发表了一篇文章，拿了稿费，想请你们吃肯德基。”学生心里突然明白了：“今天老师一定要好好训我们一顿了。”餐厅里人很多，老师买了几份套餐，选了一个僻静的地方坐下，学生很紧张……可是赵老师好像全然不知道，与学生闲谈着，还不时称赞这里的气氛确实不错，全然没有谈及那次的“出逃事件”，只是要他们以后遇到学校食堂的菜不好吃的时候，跟生活委员提个建议。

学生心里全明白了，老师是知道那件事的。吃肯德基是假，要他们改正错误是真。在那个地方，学生们一下子都明白了，并接受了老师无声的批评。从此后，这两个学生再没有违过规，倘若遇到饭菜不对胃口，会及时到生活委员那里诉苦，去向老师反映情况。

记得曾经看到过一篇作文《老师，我想对您说……》：

老师，我想对您说，您跟我谈心，能否换个地方。每次您找我去，要么是带到办公室里，当着其他老师的面，您把我在课堂里的表现一一列举，这时其他老师会时不时插上几句，众目睽睽下，好像我一无是处，真想挖个洞钻进去。要么是来到我家里，当着我的父母，把我的不是一一数落，换来的就是父母的一顿毒打；要么在课堂上，当着很多同学的面，跟我细细道来，过后总是有同学模仿您的样子把我训一下。老师，虽然您每次叫我坐下态度很温柔，我也明白您是为了我好，可我内心就是不好受，就是很容易产生逆反心理。我知道我是个淘气的学生，您与我谈心是想了解我、帮助我。我真的希望您能换个地方，一个让我能静下心来倾听您的地方，或许这样，我的内心会好受些……

从这篇文章，不难看出学生内心所需要的到底是什么。

编后语

当我们怀着真诚的心与学生交流时，一定是从内心希望学生能改正不足，因此，讲究谈话艺术，用肯定的语气、理解的态度，唤起学生自信，消除心理障碍，提高自觉性，就尤为重要。换个地方与学生谈心，师生可以面对面坐着，减少心理压力，不会有太多顾忌，老师能触及学生灵魂深处，对症下药，学生会“痛定思痛”，走出迷惑，以心换心的效果更为明显。

建议18
帮助学生面对诱惑学会说“不”

班前思考

班会是引导学生开展自我教育的良好手段之一。利用好班会的这一好时机，让老师和学生倾心交流，启发学生的高尚品德，让学生之间相互了解、学习，让学生为班级建设出谋划策，是每个班主任应该重视的。

方法/技巧

陈老师的班会基本上是系列化的，每个学期初她都会和班、团委成员、小组长一起确定主题，然后学生们分期策划、组织、主持。陈老师的“幸福课堂”和“道德课堂”如春天一般生动。“爱的教育”

系列主题——“爱的内涵”、“爱我中华、壮我中华”、“爱在我们中间”、“母爱，永远的歌”等，从爱的责任、爱的根脉、爱的理解、爱的实践等方面培养孩子们学会爱人，懂得责任；而“人格教育”系列主题——“对自己负责、对他人负责”、“坚韧——我所追求的品格”、“做健康的人，做卓越的人”、“面对诱惑，学会说‘不’”等，又从品行方面来塑造孩子，提升他们的认识。还有“把握今天，走向成熟”、“学会感恩”、“学习苦乐观”、“感受幸福”、“珍惜幸福”、“创造幸福”等系列主题德育课，成了播种幸福的好时段。幸福如花，开在每一位学生的心中。

这里尤值一提的是“面对诱惑，学会说‘不’”主题班会。

班会上，表演了由钱进步同学设计的小品《同学的一天》，这个小品浓缩了学生时常会遇到的不良诱惑，心灵天使和心灵魔鬼的表演展示了人在诱惑面前的挣扎。以下是其中一个小片段：

心灵天使：（试图摇醒一位上课时睡觉的同学）你保证上课专心些好吧？

心灵魔鬼：（打个哈欠）困了就要睡，这是人之天性。

旁白：就这样大半节课过去了。

（那位同学醒了，慌忙翻开书）

心灵魔鬼：不是我诱惑你，是你自己心志不坚，谁能抵制瞌睡虫的诱惑？这都过去大半节课了，听得懂才怪呢？有本事别睡。

心灵天使：你怎么一点志气都没有？一点恒心都没有？一点毅力都没有？

心灵魔鬼：那有什么办法啊？马克思困了也要睡觉啊！对了，

还不如索性玩会儿游戏吧，混会儿就下课了。

心灵天使：这可不行，你要是这样，以前的信誓旦旦可都付诸东流了。

心灵魔鬼：没关系，下节课再好好听课。成绩已经这样了……

男生：都一边儿去！（埋头玩起游戏）

有趣的是，小品安排了全班同学共同参与讨论来帮助同学“学会说‘不’”，使心灵坚强；文文、小米同学为这次班会制作了一个动画短片，用生动的图片告诫同学要对香烟、毒品、黄色网络、权钱交易大声说“不”。

参加班会的家长、老师、专家就自己的人生体会为同学们提出了建议；班长起草了一份《自律宣言》，全班同学用青春和信誉承诺：

从此刻做起，从点滴做起，加强自律，拒绝诱惑！在学习上，我们要拒绝安逸、懒惰的诱惑，用目标来自律，做到刻苦努力；拒绝骄傲、浮躁的诱惑，用平和来自律，做到踏实上进；拒绝网络、游戏的诱惑，用学业来自律，做到专心求知。在生活中，我们要勤劳，拒绝懒散的诱惑；我们要节俭，拒绝奢侈的诱惑；我们要诚信，拒绝虚假的诱惑；我们要正直，拒绝奸邪的诱惑。

诱惑中有欢娱、浮华，拒绝诱惑会拥有充实、本真；诱惑中有放纵、神秘，拒绝诱惑会收获高尚、坦然。我们用坚强的意志筑起自律的长城，诱惑也就轻如鸿毛；我们用高尚的道德修炼干净的灵魂，诱惑也就不能污染。

拒绝诱惑，我们将在自爱中充实，在自强中提升，在自律中完善。

编后语

班会只有40分钟，而教育效果却绝不仅仅局限于40分钟内。班会的节目让学生心中受到一阵阵冲击。学生们自编、自导、自演，把自己内心冲突的困惑和挣扎表现得真实生动，完成了一次很好的自我教育，这无形中帮助学生提升了认识，教育的作用在延长和丰富。

建议19
撑起诚信的天空

班前思考

学生考试作弊，确实是学校教育不容忽视的大问题之一。有作弊的心理与行为的学生，可能学习成绩较差，也可能学习成绩非常优秀，因为考试成绩对学生来说，是他们获得夸奖和认同的资本，是他们提升信心的有效途径。

当自身能力不足或者愿望过于强烈时，他们就有可能产生作弊的心理，甚至做出作弊的行为。其实，学生作弊的最根本原因则是学生诚信意识过于薄弱。

为此，我们可以利用课堂教学、班会、周会或业余时间等，采用讲诚信故事、树立典型诚信人物等形式，对学生进行教育，让诚信意识去抵制、消灭作弊心理。但最佳的办法，是强化学生的自我意识，让学生懂得自我控制，珍惜自己的品德和荣誉，根据自身能力，做到“有所为，有所不为”。

方法/技巧

高二（5）班门上出现了这样一个标志牌——“免监”。班里的48名同学，都会很自豪地说：“我们班是免监班！”

说起“免监班”的缘起，还有一个耐人寻味的故事。班主任王老师在一次考试后接到学生举报说，两名女生在考场打手势作弊，王老师当时大吃一惊，没有想到平时表现不错的同学竟然作弊。考试后王老师马上到班里开了一个简短的班会，说在刚才的考试中自己在路过教室时发现有的同学有作弊嫌疑，请相关同学主动去找老师承认错误，做诚信的好孩子。

过了一会儿，王老师在办公室终于等来了想见的人，两位女生怯怯地来坦承错误。王老师非但没有严厉地批评，相反表扬了她俩能主动认错的勇气，并鼓舞她们以此为契机带领全班同学诚实守信，做文明学生，还承诺为她俩保守秘密。随后王老师到班里说：“对不起同学们，由于我在教室外面没有看清楚，误把同学借橡皮、拿尺子当成了作弊打手势，不过通过此事同学们应该认识到作弊是种什么行为。”

几天之后意想不到的事情发生了，王老师收到了一份由全班同学签名的“无人监考班”的申请书，还有一份誓言，这样写道：

我宣誓，作为免监班的一员，从今天起，加倍的相信自己、相信同学，诚实、自律、慎独。在每次无监考的考试中，严格遵守考场纪律，不使用任何作弊手段，考出我的真实成绩，为自己的诚信加分，为班级的荣誉添彩，让免监班的精神成为我人生的准则！

王老师和全班同学讨论后，把申请书郑重交给了德育处，同学们自豪地把亲手制作的“免监”的牌子挂在班门口。后来王老师听说正是那两位作弊的女同学在申请“无人监考班”中起了主要作用。

一个学期过去了，高二（5）班的每个同学都用心呵护着心中的那一片净土。创建“免监班”只是他们对诚信美德追求的开始，全班48名同学相信，他们将在更广泛的学习生活中积极履行“诚信”的誓言，真正让“诚信”成为人生准则，永远珍藏在心中。

编后语

学生只有不断在平时的生活中完善自我意识，树立积极、乐观、诚实的品质，才能塑造出完美的人格。所以，我们应该欣赏学生，多赞美他们。对自身能力强的学生，我们通过鼓励与赞赏，提升他们的自信；对于学习成绩不好的学生，我们可以多在课堂上给予关注，发现有一点进步就及时、毫不吝啬地表扬，明确告诉他们通过自己的努力可获得更优秀的成绩；寻找他们身上其他的优秀品质，让他们意识到自己是很优秀的学生，不能玷污自己的人品，影响自己的声誉，建立起诚信的良好品德。

建议20 让学生因感动而改变

班前思考

“润物细无声”的教育妙不可言。“无痕”教育远比空洞说教、大声训斥、讽刺挖苦高明得多。老师轻描淡写的一句鼓励的话，看似简单的一个轻轻爱抚，一句深情的问寒问暖，不漏痕迹的一个暗示，一个浅浅的微笑……这些“无痕”的教育方式会给学生留下刻骨铭心的记忆，会在学生心中荡漾起涟漪。

方法/技巧

情景再现之一

灿烂的阳光下，美丽的校园里，同学们背着书包蹦蹦跳跳地走向教室。突然一位同学好像发现了什么，加快脚步赶上了前面的同学，拍拍他的肩膀。原来他的书包没有拉好拉锁。两人不禁相视一笑，使校园的早晨更加温馨。

情景再现之二

瓶子，又是瓶子，放肆地躺在操场上、教学楼的走廊上，几位同学无动于衷走过去了，又几位同学走了过来，他们显然注意到了地上的瓶子，然而他们却像踢球一样地将瓶子踢到一边。正在这时，一位清洁工阿姨走了过来，弯腰去捡那瓶子，那同学似乎感觉到了什么，抢先捡起了瓶子扔入垃圾桶中。阿姨脸上露出了灿烂的微笑。

情景再现之三

这是一个橘黄色的星球，它呈十字放射状，颜色从外围的明黄过渡到橘黄，还有一些蓝色。多漂亮啊，就像我们的地球一样迷人。这就是alpha星。然而废弃物、大气污染、水污染……不断威胁着它，“因为大气污染严重，那里的人们很久没有看到满天的繁星了……”叹息声隐没在车来车往的繁华里。

情景再现之四

一个人用双手可以摆出心的形状，两个人用双臂也可以摆出心的形状，一群人手拉手当然更能够围出心的形状，你感受到了吗？点点滴滴的爱，只要汇聚起来，就会有无限的温暖。

……

这些都是高一年级公益DV大赛获奖作品中感人至深的画面。这次大赛的主题是“爱，广而告之”。从同学们的作品中，人们能够感受到一颗颗年轻而火热的心在跳动，他们关注身边的人和事，关注社会生活，甚至把目光投向了星际空间……

这些作品只是展示了一些简单的画面，一些平凡的细节，但是却有触动心灵的效果。同学们用自己的DV，拍下生活中的点点滴滴，串联起来，述说了美好的愿望，把爱广而告之。当然，这次大赛的意义还不仅于此，应该说，整个创作过程，就是一个编织愿望的过程，同学们在这个过程中体会着爱，感受着爱。

拍摄的第一步是主题的确定和剧本的编写。很多班都是全班同学参与创作，大家很快就上交了不少或风格幽默、或温馨感人的提案。与环保、互助有关的主题涌现得最多。

公益广告的教育意义是不言而喻的，然而最先获得教育的却是拍摄者自己。这应该是同学们参与此项活动的宝贵收获。

中午学校食堂就餐人数较多，食堂也曾提醒过学生尽量不要占座，但大家却并未对这一现象引起足够的关注。高一（12）班的作品涉及到了这个问题。在艰苦的拍摄结束后，参与创作的同学最先接受了自己作品的教育和影响。之前他们几乎没有真正关注食堂占座这个问题，而此次拍摄时他们倒是对食堂占座有了亲身体会：

事实上，通过我们同年级、同班的同学甚至是自己亲身参与摄制公益广告，大家能够以一种充满趣味性的寓教于乐的方式来接受教育，审视自己存在的一些细小的毛病，并尝试加以改正，这比起学校直接的教育更加有亲近感和新鲜感。同时，经过我个人的观察，参与两个公益广告拍摄的同学，在平时生活中也开始注意起自己言行中的细节。制作公益广告的目的是为观众带来思考和教育，但从我制作公益广告的亲身经历来说，由于我们制作公益广告的主创者必须首先理解我们作品所要表现的内容，所以最先受到教育的往往是我们创作者本身。而整个的摄制过程，本身也是一个良好的受教育的机会。或许，这正是学校为我们布置这样一个任务的原因与希望。

因感动而改变，同学们在试图用作品感动别人的过程中，也不断地被感动着，因为拍摄过程也是感受爱的过程。

在帮助同学拍摄“搬作业”的镜头时，我抱着厚厚一摞册子站在四层楼梯的拐角处，同学则在五层教室外向另一位扮演帮助者的同学讲述拍摄过程。

那摞作业实在太重，我有点支撑不住便把身子倚在栏杆上。这时有陌生的同学从楼梯上经过（我们的教室在二层），看到了我“兢兢业业”的样子，赶忙上前主动伸手：“同学，我帮你搬吧。”头一次，我既惊讶又窘迫，红着脸说：“谢谢谢谢，不用不用，我们是在拍摄……”那同学看了看楼上拿着DV的导演，也明白了。

那段镜头我们拍了五六次才过，我也好几次独自抱着沉重的册子倚在四层楼梯拐角的栏杆上。几乎从那里经过的每一位同学都会过来问我需不需要帮助，我说了无数次“谢谢”，脸红得发烫，有一股莫名的温暖，让我的心里也滚烫滚烫的。

很遗憾，那段过程我们没有用DV记录下来，但它却比我们拍的每一个精彩的镜头都更加珍贵，因为那是未经安排的，自然流露的，真诚的帮助。我想，我会把它记录在心底深处。

或许那就是爱，无处不在的爱，照耀你我的爱。

编后语

“勿以恶小而为之，勿以善小而不为。”“无痕”教育既是一种教育方式，更是一种教育技巧。在“无痕”教育中要善于引领学生从小事做起，使学生从细节、小事中受到良好的教育，用一桩桩、一件件活生生的教育实例让学生从中受启发。老子说：“天下难事，必做于易；天下大事，必做于细。”教育学生也不例外。公益DV大赛不仅将爱广而告之，更是同学们体验爱、感受爱、自我教育和心灵洗礼难得的机会。

建议21

发挥同伴激励效能

班前思考

德育工作最重要的是交流和沟通，交流和沟通的前提是相互了解。班主任要做好德育工作，必须增强对新事物的敏感度，必须加快知识更新的步伐，尽可能地与学生多相处。否则，与学生思维方式不同，话语系统不同，关注点、兴奋点不同，就做不好针对性的引导工作。德育工作也有个“功夫在诗外”的问题，修炼“诗外”的功夫，一个重要方面，就是了解新事物，掌握新知识，运用新方法。

方法/技巧

陆老师在班主任工作中善于思考、敢于创新，创造性地在班主任工作中运用“因性施教”的性别教育方式，做出了可贵的探索。

什么是“因性施教”？简单的说，“因性施教”就是根据男女学生生理与心理的差异，采用不同的教育措施，使男女学生都获得自由、全面发展的教育。

陆老师在班级里有计划有序列地进行了“因性施教”系列主题班会。一个个别出心裁、别开生面的主题班会，充分调动起了学生的主观能动性，发挥了同伴之间相互赏识相互激励效能，促成着男女生两个性别群体的良性互动。

从初一下学期开始，陆老师已开始分男女生，从性别角度对学生进行引导教育。到了初二，大多数孩子进入了14岁，这正是班级中开展性别教育的好时机。“好男孩和好女孩”主题班会如期召开，男女生各分三组，分别讨论各自心目中的好男孩好女孩，并派代表进行解说展示，其间还有提问答辩。

班会场面热烈有序，每当有同学表扬班中做得好的男女生典型事例时，大家都报以掌声表示赞同。

最后男生得出的好女孩的标准是：

善良孝顺，善解人意，落落大方，庄重得体。还提出：女孩不是因为美丽而可爱，而是因为可爱而美丽！

女生得出的好男孩的标准是：

有爱心有责任心，言语得体，仪表堂堂，谦虚和善，胸怀宽广。并呼吁每个男孩都该把自己想象成一个英雄！

快结束时，有位同学朗诵了一首描述男女生相处的诗歌，很耐人寻味：

让我们把彼此的杯子斟满，但不要在同一个杯中啜饮，把我们的面包相互馈赠，却不要在同一块上享用……每根琴弦都是单独的，虽然它们伴着同一乐章跳跃，我们站在一起，但不要太近，就像共同支撑圣殿的柱子，彼此分开，却又相互欣赏……

班会后陆老师随机找了几个男女学生，想听听他们的感触。一个女生说：“今天班会开得挺好，平时不好意思高声探讨的话题，今天终于能敞开聊了。大家畅所欲言交流的感觉真爽！”另一个女生说：“平时看上去男生们大大咧咧的，没觉得他们把我当女孩儿看。这次，我才发现，男孩儿们还真是很在乎女孩儿的言谈举止。以后，我不能还像以前那样总风风火火的了。”

有个男孩子小声说：“以前，也常听到大人说：男子汉要有责任心、要心胸开阔等，但总觉得那都是大男人们的事，我还小，不必想那么远。直到今天，我才知道，原来女生们，那么不喜欢斤斤计较的男生，那么反感吹牛不负责任的男生。可我做扫除时，已经偷跑过两次了，想想挺惭愧的。”

编后语

班会的成功召开得到了学生、家长和老师们的肯定，学校升旗仪式上，两名学生代表向全校师生汇报了他们班班会关于好男孩好女孩的讨论结果，引起了全校老师和同学的大讨论。

建议22
塑造好男孩

班前思考

近几年来，男孩教育似乎出现了危机，有青少年问题研究专家甚至发出“拯救男孩”的呼声。在不少班级中，处在问题状态、边缘状态的大多是男生。有的调皮捣蛋言行不一；有的说话娘娘腔，阴柔有余，阳刚不足；有的被动溜边，遇事逃避……针对男孩身上出现的不少问题，从“因性施教”的角度，该为男生的培养做些什么？

方法/技巧

1月，正是初三紧张的复习阶段，“做个真正的男子汉”系列班会召开了。

首先，同学们回顾了一年前关于好男孩好女孩的讨论结果，然后，男女生用各自的方式表达了对真正男子汉的新看法。关键时候还得想办法发挥心理学中的“异性效应”，让女同学也来搭台唱戏。

男生很快从正面角度接受了女生的看法，而且，还和女生一起讨论出了“男子汉”未来发展目标，那就是：乐观开朗、责任感强、执著坚韧、豁达宽容、衣着整洁、体魄强健、举止稳重、有礼貌教养、风趣幽默、照顾弱小。

之后，大家举例来谈各自欣赏的男子汉典范，有刘翔、林肯、周恩来，还有的介绍“我的爸爸”。为了鼓舞男生，女生还选出了班中某些方面做得好的“班级小男子汉”。男生们纷纷睁大眼睛，的确，他们很在乎女孩子的评价。女生接着说：既然我们与男生是相伴成长的，帮男生出谋划策也是责无旁贷的嘛。于是，有的女生建议男生要多阅读名人传记；有的举出一些生活细节提醒男生；有的女生提出强健的体魄很重要，提醒男生锻炼时别再偷懒；还有个女生提供了一些著名的具有人生启迪的电影。之后，家长和老师也对男生寄予了希望和嘱托。

在一首充满阳刚气的乐曲中，男女生还一起朗诵了一首诗《一个真正的男子汉》：

并非你是男人，你便是男子汉；并非你年龄大了，你便是男子汉；并非你将来能赚几个钱了，你就是男子汉。真正的男子汉果断刚毅，真正的男人百折不挠。真正的男子汉敢于承认自己的错误并承担自己的责任。真正的男子汉敢于面对现实而决不为自己寻找开脱的理由……真正的男子汉，是高山，是大海，是天空，是国家的支柱，是民族的脊梁！

面对此景，男生们纷纷发表了感想，一位同学说：“看到身边有那么多人在关心我们的成长，我们男生也信心倍增。畅想长大后，我们会成为家中的顶梁柱，为家人遮风蔽雨，我们还要成为国家和民族的栋梁，为社会做出应有的贡献。”

最后，四位男生领唱《真心英雄》——“让真心的话和开心的泪，在你我的心里流动。”

班会后，有个家长打来电话，高兴地为陆老师讲述了班会后家中父子的对话。原来，班会开完那天，他的儿子回家把班会PPT打开，兴高采烈地邀请爸爸一起来看。看完之后，孩子说：“爸爸，我们的班会开得不错吧！”爸爸说：“是啊，一看，你们班就特团结。”儿子接着说：“可女生对男生提出的要求这么多，要都做到多难啊？”爸爸耐心地说：“都做好的确不容易，你明确了努力方向，有意识地一条一条去做就行，可要是谁一条都不具备，那他肯定不是个男子汉。”儿子想了想说：“嗯，老爸，你说得很有道理。”

编后语

班会后，学生们便进入了初三紧张的期末考试复习阶段，先后有两位老师不约而同地对陆老师说：“你们班的班会开得还真起作用，虽然学习很紧张，可整个集体特别和谐，老师上课都很享受。”更令陆老师欣喜的是，班会不仅没有影响期末考试，而且，班级整体成绩再次攀上了新高。

建议23

塑造好女孩

班前思考

在淡化了教育形式的活动中，实际上强化了的教育目标，使之已开始变成了学生发展的自我需求，这该是开展系列主题班会最为可喜的收获。

方法/技巧

自然和谐、充满美好憧憬的“做个真正的男子汉”班会，不仅使男生受到了无形中的教育，竟也激发了女生的期盼。陆老师欣喜地发现——班会上有个女生对身边男生说：“哪天你们男生也为我们女生开这样一个班会吧！”女生的愿望竟然和陆老师的设想不谋而合。

于是，尽管初三第二学期，学生学业压力会更重，但陆老师下决心要把系列班会继续开下去，为女同学再量身定做了一个令人赏心悦目的班会。

3月，“品味成功女性 感悟精彩人生”系列班会，在优美动听的歌曲《隐形的翅膀》中召开了。

在悠扬的音乐中，女生们介绍了她们非常欣赏的女性——林徽因；接着，男生们也亮出了他们欣赏的女性形象——奥黛丽·赫本。

班会接着带领大家把目光拉回到当今，同学们介绍了事先采访的几位优秀女老师、女同学和同学母亲：温文尔雅的王老师的坚韧与平和，全国三八红旗手同学妈妈的执着与勤奋，还有班级中获得卓越发展的几位同学的奉献与锤炼……之后，男生们对女同学表达了心中的赞赏和感动，也对女同学提出了些发展建议。

班会后，有同学写道：

在这个五彩斑斓的世界里，也许会有这样的人，于不经意间，怦然拨动了我年轻而敏感的心弦。于是，在系列班会上，刘翔，一个激情四射的追风少年，充满王者的自信与霸气，却又如大男孩般阳光快乐——他让我们学到了坚强和自信；林徽因，一朵风雪中傲然挺立的梅花，清纯美好却也不屈不挠——她让我们学到了持重与坚韧；赫本，上帝送到人间的天使，受尽上帝的宠爱却把爱挥洒人间——她让我们学到了真诚和善良。而当我们穿越历史，回到现实，我们看到：王老师，平易近人却又让人肃然起敬，她教给了我们尊重——从自尊自强到尊重他人再到博爱天下，让我们感受到了她作为一个不平凡的教育工作者身上所肩负的重任。她忘我地工作着，不计回报地付出着，诚心诚意地尊重着，默默无声地爱着……班会让我思考了许多，明白了许多，也长大了许多。我的眼界和胸怀被层层打开，因为那么多生动而鲜活的事例让我明白：多姿多彩的生活正向我们招手，虽然前行路上的磨难和考验会有很多，但只要我们永远拥有奋发向上、仁爱坚韧的情怀，在经过未来生活的历练之后，最终的成功必定属于我们。

编后语

十四五岁年龄的学生，正处在一个身心急剧变化的特定发展阶段，此时的他们对自身性别角色的探究正逐步深化。当敏感的他们得到异性同学的赞赏后，其自身所焕发出来的自我肯定、自我激励的动力是惊人的。对教育者而言，这个年龄是充分调动学生的主观能动性，实施“因性施教”，发挥同伴之间相互赏识相互激励效能，促成男女生两个性别群体的良性互动，培养健全人格的绝好时机。

建议24

用经典濡养心灵

班前思考

从‘温故而知新，可以为师矣’中体会孔子；从‘躬自厚而薄责于人’去品味孔子的做人准则；从‘其为人也孝悌，而好犯上者，鲜矣’中学习修身治国的根本；从‘士不可以不弘毅，任重而道远’去感悟立志求远的深刻哲思；从‘礼之用和为贵’中感悟儒家的仁义礼让。将厚重的儒学思想的深邃和文化的遗馈投注于贯通的熔炉中，让学生充分吸收它们的精髓，化作言谈举止间一抹儒雅，一种气节。

方法/技巧

刘老师设计了在一个学期内开展学习《弟子规》的系列班会，

总共用9周德育课，完成3次开放式的作业，做了2次面向全校开放的大型班会，完成了一篇由全班同学集体改编的《新新弟子规》，编演了4部贯穿《弟子规》思想的传统文化故事短片，收到了很好的效果。

改编《弟子规》，当初并不在计划之内。起因是在诵读《弟子规》原句时，学生提出很多有趣的疑问，比如："亲所好，力为具"，父母喜好的东西一定要努力准备齐全吗？如果父母喜欢的是赌博、玩网络游戏呢？"亲有疾，药先尝"一句，煎好的汤药可以尝一尝，那么片剂的药怎么尝呢？刘老师感到这正是引导学生结合现代生活元素，识别传统文化精华，秉承中华传统美德，兼收并蓄的好机会。于是，布置学生按自己的理解对《弟子规》进行改编，要求忠实原文的主旨和形式特点，保留原文精华警句，删除与现代实际生活不符的部分，添加符合现代生活特征的道德品行内容。经过个人修改，小组讨论，最后汇总定稿。

学生杨继却用拍电视短片的形式表达他的感悟，他这样解说：弟子规，新新弟子规，我们自己的弟子规，我想起了《满城尽带黄金甲》里面的父子为了王位打架，感慨良多，世间万物，别人不给你不要抢，王位也好，金钱也好。用人物，须明求，倘不问，即为偷。原来《黄金甲》的思想也在弟子规里。原来许多流行的东西都是对传统的解读。

随着《弟子规》的深入人心，学生开始自觉养成良好的文明习惯。

在班主任刘老师看来，学习《论语》要从纲领入手，得齐要领，方能举一反三、应对自如，而不是食古不化、照本宣科。抱着让同学们理解那些未经点破的"纲领"目的，她引导学生举办了"穿越时空的经典”主题班会。

班会上，学生围绕“弟子入则孝，出则悌，谨而信，泛爱众，而亲仁，行有余力，则以学文”(《论语·学而》)展开讨论，从家庭延展到集体。

主持人赵媛媛讲道：

其实，班级也像一个大家庭，班级中每一个同学，都应像对待自己兄弟姊妹一样对待自己的同学。而这，正是我班一贯的班风。正如刘老师所说：“我班是一杯水，我们都是一粒糖。”这不正是应了“悌”这一传统的美德么?

一位同学在解读《论语一则》时，这样说：

孔子曰:“君子有九思:视思明,听思聪,色思温,貌思恭,言思忠,事思敬，疑思问，忿思难，见得思义。”如今时代发展了，现代社会早已不同于春秋时期，那么我们还须如此地反省自己吗？回答是肯定的，我们仍旧需要。九思是人们心中应该牢记并经常反思的九项原则，是基本的做人道理，尤其对于血液中蕴涵儒家思想的炎黄子孙，更应以“九思”对照自己的为人处事。作为中学生，我们应在学业上时时思考自己的听讲、看书、问问题是否认真、是否真的明白;在与人交往中要不断注意自己的容貌、态度、言语表达是否礼貌、温和；在处理事情时想想是否宽容、仁义。

除了讨论《论语》的深刻思想及对塑造理想品格的重要作用，同学还表演了幽默诙谐的小品。如，令人捧腹大笑的《当小顽童遇上老学究》:一名同学扮演一位研究论语多年、颇有心得却不懂得如何在生活中实践的老顽固，另一人则扮演一名对论语一窍不通、曲解其中诸多句子的小朋友。通过小朋友的搞笑曲解娱乐同学，然后由老顽固做正确解答，使同学在欢笑中正确理解名句的含义。最后以小朋友向老顽固提出如何将大道理运用到生活中，而老顽固则无法作答只得尴尬开溜为结局，教导大家正确理解后要付诸行动，达到学以致用。

一位同学在班会后的周记中写道：

通过这次班会我发现，《论语》给人带来的教益在生活中随处可见。比如，有的商家不但产品物有所值，而且经常参加一些慈善活动，它们的仁就在不知不觉中征服了消费者的心。反观三鹿集团，他们因为失掉了仁义诚信，只能永远地背着奸商的骂名了。另外，在人们日常与人相处中，仁的影响更是随处可见。因此，《论语》宣扬的精神在如今的社会中反而更加有用，更加可贵。

编后语

德育工作以切实有效的形式，使传统美德与时代精神相结合，教学生在传统文化中含英咀华，提升道德品格。

这样寓教于乐的形式，使同学们对小品产生深刻印象，进而会自然而然引导大家走上正确学习传统文化之路，取其精华，去其糟粕，实现传统文化在当代的借鉴意义和时代价值。

建议25

爱要大声说出来

班前思考

也许是因为长大了，更多地关注自我，很多学生上初中后很少谈论自己的家庭，再无话不谈的好友也不爱说自己父母之间的事，这或许因为大家把对父母的爱藏在情感深处，或许习惯了父母的爱，平常到忽视这种爱。

方法/技巧

借“三八”节东风，赵老师和同学们过了一个生动而难忘的节日，送给了妈妈们一份宝贵的礼物。

“三八”节前夕，赵老师倡导同学们给母亲写封信，并准备一个关于“我和妈妈”的故事向大家讲述。

给母亲的信很快堆满了赵老师的办公桌，有很多是用图案漂亮的彩纸写的，有的是自己绘画并设计的……

班会如期举行。可是与“耐克”杯篮球赛撞车，很多篮球迷心里痒痒，身在曹营心在汉，也有同学私下抱怨：这种没劲的话题怎么讨论？老生常谈能有什么效果？

幸而赵老师有准备，她缓步走到讲台上，注视着教室里那些还略带稚气的面庞，动情地讲了一个自己与妈妈的故事：

我也是一个独生子，寒假里妈妈不远千里来北京看我。逛商场时细心的她留意到我说过喜欢八喜冰激凌，晚上人生地不熟的她就一个人出去给我买了巧克力味的八喜冰激凌。而我一看就生气了，还说了几句多此一举的话，因为我根本就不喜欢巧克力味的。当时我也根本没有去想妈妈为什么要这样做，没有想到这是对我的疼爱——一种细腻、含而不露的爱。后来妈妈躲到屋里哭了，我很后悔，为什么我只考虑到我自己？虽然事后我哭着向妈妈道歉了，妈妈也原谅了我，但我总感觉很内疚，妈妈对儿女的爱远远胜过儿女对她的爱。

讲到动情处，赵老师的眼圈红了，嘴角也颤抖起来。班里的气氛一下子变得热烈起来，同学们认真听着，思索着，讨论着，大家都从日常的小事中找出自己对母亲的不理解、不关心之处，很多人流泪了。一个讨论会仿佛变成了检讨会。

班会中大多数人在自责，有的后悔自己当初太不懂事，竟与母亲争吵，甚至大动干戈；有的责备自己外出时太贪玩，忘给家里报平安，让母亲在电话旁空等为他担心；有的责怪自己总是粗心大意给母亲惹麻烦。每个故事之后同学们都抱以热烈的掌声，又在掌声中悄悄地用手背抹一下眼睛，都彼此哽咽着说："我没哭。"但谁也掩饰不住内心的感动，同学们也许是第一次被自己感动，第一次被母爱感动。

班会的最后一个环节：把用班费买的50枝打好包装的康乃馨发给每个同学。整个班会的气氛被调动了起来，大家都想挑一支漂亮的花送给妈妈。

对于母亲来说，只要是孩子送的礼物都是最漂亮的。一位同学在随笔中写道：

妈妈一脸疑惑地把信打开，看了信开心地笑了半天，并对我说，这个妇女节是她所过的最有意义的一个妇女节，当时我一直很不解，妈妈竟会对一封小小的信感到欣慰，现在我知道这是因为她认为我长大了，懂事了。

编后语

这看似是一次普通的班会，但是在这次班会上，无论是班主任还是学生都收获了很多感悟和感动，每个人开始面对真实的自己，反省自己对父母的不理解之处，回味起很多生活中父母的细心、爱心和耐心。

建议26

把尊重作为最重要的教育元素

班前思考

人都有自尊心和人格尊严，处在成长期的学生的自尊心更是敏感与脆弱，需要老师发自内心的呵护与爱惜，需要老师来自心灵深处的尊重与信任，从而使学生能够在一种健康、自由、愉快的环境中接受教育、自觉学习、健康成长。尊重可以使人理智，也使人悔过。尊重绝不等于纵容，它往往可以唤醒人的良知，常常可以产生无法估量的教育效果。尊重学生的老师也会赢得学生的尊重与敬爱。

方法/技巧

当了18年班主任的王老师是一位深受学生尊敬的老师，越来越多的学生喊他“爸爸”。这也坚定了他“亲近学生，了解学生，教育学生，引领学生，做学生成长过程中的见证者、参与者、推动者”的育人理念。他当班主任的秘诀就是——用爱赢得爱！用尊重赢得尊重！

王老师班里的一名女生做了眼睛手术。可万分之一概率的不幸降临在她身上，手术产生了后遗症，眼睛每天都要换几次药，并且怕光，这无疑给一名花季少女添了很重的心理负担，学习成绩也受到很大影响。王老师从家长那里得知：她不想让任何人知道这件事。为了帮助她走出阴影，王老师主动给她补课，利用补课的时间和她谈心，小心翼翼地与她沟通；运动会期间不让她在看台上晒着，给她安排避开光线的活动。她是一个很懂事的孩子，利用这些机会投了很多宣传稿件，为同学做一些事情回报班级。慢慢地这个女生开朗起来了，后来以顽强的毅力考入了重点大学。

青春期学生的自尊心特别强。作为老师要做到尊重学生的人格，保护学生的自尊，用老师的人格魅力去感染他们。尊重学生会取得意想不到的效果。

可以说：因为尊重，王老师班里的每个人都是快乐的、充实的、幸福的；因为尊重，王老师班里学生的潜能得到了充分的挖掘；也是因为尊重，王老师被学生们定义为“伟大”。

一个学生在评价王老师的教育时说：

“当期末考试前我和BOBO上英语课打牌被王老师发现后，王老师语重心长地劝告我们而不是严肃批评时，我第一次因为一个老师放弃了一个爱好。”

一个学生毕业几年后还陶醉地举了一个例子说：

我深深记得在高二一个炎热的午后，王老师按照约定的时间走进教室准备开班会，但是当看到同学们当时一个个面露倦色，王老师小声说：“大家都累了吧，那就趴桌上睡一会儿吧，我们再另约时间说事情。”这是一件小事，但令我很感动，在我心中树立起一个“我们”的概念——每一个学生都不是孤军奋战的，王老师和我们之间建立了起一种“有福同享有难同当”的战斗友谊。

编后语

在班主任工作中，老师应一直要求自己尊重学生，努力为学生创造一个愉快而自由发展的环境。把尊重作为最重要的教育元素，尊重学生的优点和特点，尊重学生的人生观和世界观，尊重学生的行为方式和处事信条，尊重学生的人格和尊严，并以这种尊严感深入影响学生。

建议27

给学生比实际情况稍高一点的评价

班前思考

只有发自教师内心深处的激励，才能真正引起学生的共鸣，使学生认同这种激励，并为这种激励所激励。我们要想让每一个学生内在的潜能都能得到充分而生动的发挥，就必须善于运用多种激励技巧，激发学生的内在动力，开发学生的潜在能力，最大限度地调动学生的积极性，使学生由消极的“要我学习”转化为积极的“我要学习”。

方法/技巧

怎样让一个优秀的人更优秀，是夏老师在培养优秀学生时思考的一个问题。程一被哈佛大学提前录取。夏老师在培养她上用了心思，下了功夫。夏老师和她谈话时强调：如果你优秀一点，别人可能会妒忌你；如果你很优秀，别人会依靠你，我们的社会需要精英。夏老师给她的赠言就是从优秀到卓越，做最好的自己。

对于优秀学生，夏老师用心给她们搭建成长的平台，经常和她们聊天，谈班级工作、谈为人处事、谈学习、谈理想、谈未来，不断激励她们完善自我。

程一的出国介绍材料是夏老师给她写的，后来她告诉夏老师，其实自己没有那么优秀，老师给她写的评价是对自己最好的激励，她会朝着更高的目标奋进。后来这份推荐材料被其他老师用作学生的学习材料。

谈到班主任经验时，夏老师这样讲道：

在每个孩子心中最神秘的一角，都有一根独特的琴弦，拨动它就会发出特有的音响，要使孩子的心同我讲的话发生共鸣，我自身就需要同孩子的心弦对准音调。所以我与学生交流时喜欢倾听，俯下身子倾听，我会经常想起自己曾经也是个孩子，当面对犯错误的同学时我想的最多的是假如这是我自己会怎么办？假如这是我的孩子我该怎么帮助他？通过多次与学生沟通交流，我感觉到每次交流，都要用父亲般的眼睛时时刻刻准确无误地从孩子的眼、嘴、额的动作，来了解他内心情绪的每一种变化，哪怕是最细微的变化，也许就是教育的契机。……就批评来说，熟语批评艺术，善于掌握分寸的班主任能够做到寓批评于尊重之中、于表扬之中、于谈心之中、于谅解之中、于自责之中、于关怀之中、于希望之中、于玩笑之中、于幽默之中、于激励之中。这样的批评，没有疾言厉色的指责，没有错一罚百的处罚，但是，被批评的学生在汗颜愧疚的同时萌生的是知错改错的决心。几年来，与学生谈话次数无法统计，现在回想起来心中无比甜蜜，因为，适当的时候我给了学生适合他们的教育。

编后语

对于各类学生，激励都是有效的。

建议28
班主任的位置在学生中间

班前思考

班主任的教育工作不能是呆板的说教，而应该真正贴近学生，了解学生，做学生成长过程中的见证者、参与者、推动者。简单地说，一个班主任的位置，应该永远在他的学生中间。

方法/技巧

来自全国各地的数百名中小学校长要来观摩王老师班的班会。王老师便召开了一个“点子会议”，让全班同学发挥想象力，围绕着“爱国”这一主题，海阔天空地出主意、提创意。

大家开始时思路有点窄，王老师就问：

“说到爱国主义，你们脑子里有一幅什么样的画面？”

有人不假思索地说：“董存瑞炸碉堡！”

同学们一片哄笑。

王老师也笑着问：“这是从哪儿看来的？”

“当然是电影了！老电影里最多这种爱国主义题材了。”一个同学答。

忽然，另一个同学说：“要不我们干脆把那些当年脍炙人口、感动了整个中国的老电影片断编在一起，给大家看看，重温一下那些革命激情？”

王老师说：“这个想法很好！怎么让同学们感受更深刻呢？”

“要不我们现场给那些老电影片断配音？让同学们也当当英雄！”

就这样，一句看似玩笑的回答，却引出了一个成功的节目创意。之后，学生们的讨论气氛越来越热烈，“点子”也越来越“高产”。很快，一份节目单就出炉了。

后面的准备工作是紧张而有序的。

然而，王老师也没有闲着。他正在忙着和班里的“小朗诵家”李静练习合作诗朗诵《国旗飘扬》。最初，王老师那带有地方口音的朗诵让李静不时失笑，但她仍然耐心地修正老师的发音，指导如何运用气息等朗诵技巧。王老师的朗诵最终通过了这位小老师的严格检验之后，他们就伴着《红旗颂》的音乐，一遍一遍地踩节拍、练配合。为了获得更加出色的舞台效果，他还建议一位同学制作了配合诗朗诵的幻灯片，让国旗在每个人的眼前和心中都高高飘扬。

珠穆朗玛的雪峰之巅，有你鲜亮的色彩；

奥林匹克的领奖台上，有你灵动的姿态。

遨游太空的神舟里，你是最豪迈的气概；

海外学子的寓所中，你是最庄严的自白！

班会上，当王老师用略带紧张的嗓音朗诵出这样的诗句时，学生和嘉宾们都给了他热烈的掌声。这一刻，王老师感觉到自己是学生中的一员，感受到了参与的快乐、成功的激动以及与学生共同成长的骄傲。全班同学都和他有同样的收获，因为每个人都展示了自己、提高了自己。

有时，当王老师班里的学生在跑道上用双脚丈量毅力的时候，他也在学生中间。

为了磨炼班里同学的毅力，打掉“骄娇二气”，同时提升身体素质，为残酷的高考作准备，王老师在班内发动了“迎奥运爱国健身长跑运动”，号召班里的同学每人每天放学之后至少跑步1000米。

于是，余晖中的操场上出现了一列壮观的队伍：50个英姿勃发的身影，在跑道上执著地跑着一圈又一圈。

王老师站在跑道边，看着学生的飒爽英姿。本来因为身体原因不能跑步，可是，看到孩子们一面跑一面兴奋地向自己招手，还有人叫道：“王老师，您也一起来吧！”王老师终于被他们所感染，也兴致盎然地加入了这个朝气蓬勃的队伍。

同学们都说，是班主任的激情鼓舞了他们。

拓展训练中，王老师和学生们一起进行信任背摔，激情拉近了他们的距离。在高空单杠的拓展训练时，学生非要他做示范。当王老师站在高空，看到下面高呼跳跃的学生，尽管双腿颤抖，脸上却还要带着微笑，不是为了学生他不会上来，因为他血压高，不适合这种运动。

秋季运动会他带的班得了年级第一名，他和学生们一起欢呼小雀跃！

在校歌比赛中，王老师和学生一起作曲、修改歌词，在年级比赛中勇获一等奖，在学校校歌精品展示中获最佳表现奖。

电影节，在两个班的影片中都看到了他的友情客串。在电影节的颁奖仪式上，他被邀请作为颁奖嘉宾，赢得了全场阵阵掌声。

在学校贴吧上，学生们留下了这样的话：

今天，我第一次因为一个老师而回忆过去，而不是展望未来。我不知道一生中能有多少老师值得我去记住，但王老师，永远是第一个。一个人在一生中会遇到许许多多人，然而能永远封存在我们记忆时空中的，却很少很少。

我曾经拥有过许多老师，但是当他们一个又一个从我身边离开后，他们的名字在我心中会慢慢淡忘成一个符号。当我们真正把一位老师铭刻在内心深处时，他（她）才能被称作伟大。王老师，就是一位伟大的老师。

有人说，现在的孩子越来越不懂知足越来越不容易感动了，可是，王老师用他特有的人格魅力感动了我们每个学生，和王老师在一起，没人能够不动容！王老师的人格近乎完美。

王老师与众不同，他不是用粉笔、教科书教我们，而是用“爱”。这种细微的、细腻的爱浸润在每一天的琐碎事中，直到现在回想才突然体会到这份沉甸甸的爱的力量。

有的学生是流着思念的泪水留言的，甚至有不认识王老师的学生，读了帖子之后，也被这种情谊所深深打动：

这老师真是强得离谱,居然能把个个愤青似的当代青少年感动成这样,虽然不在这所学校,还是希望有机会能见一见。

编后语

“爸爸”，这是学生心中对王老师的一个沉甸甸的称呼，他深知为这个称呼自己会继续为孩子们付出。王老师只有一个孩子，但是在父亲节收到了很多祝福，这是作为教师的骄傲。

建议29

让每个学生都成为你的“最爱”

班前思考

一个人一旦形成自卑心理，往往会从怀疑自己的能力发展到不敢甚至不能表达自己，从怯于与人交往到孤独地进行自我封闭。如果一个学生被自卑笼罩和控制，他的精神活动就会遭到严重的束缚，使聪明才智和创造能力受到严重压抑，无法发挥出自己的真实水平。作为教师，对于自卑的学生，我们不但要激励他们提升自己的能力，更需要激起他们内心深处的自信。

方法/技巧

志达已经是高二学生，个头一米八七，体重180斤左右，头发还是那么零乱，校服上面还是有些许污渍……就是这样一个看似邋遢的大男孩，却是邓老师每个节日里最温馨的礼物。

从志达上高中后的很多节日，教师节、中秋节、国庆节、圣诞节、元旦……几乎中外所有的节日，他都会在某个课间，突然降临到邓老师办公室，而且每次都会站在门口等老师忙完了手里的活儿，满心愧疚地冲出来向他致歉的时候，他就会用一贯的成人的声音来劝慰："干吗这么辛苦自己，要多注意身体。"然后，张开双臂将邓老师拥抱在他那个宽大的肩膀里，并且送上一句"节日快乐"。那一刻，邓老师认为自己是全天下最幸福的老师，浑身充满了感激，感激这个可爱的孩子用天底下最质朴最简单的方式传达了人间最温馨最真挚的祝福。然后，简单聊上一两句，有时候时间来不及，志达就匆匆离开返回教室，然而老师内心的幸福却还在回荡……

就是这样一个简单又懂事的男孩，在初中三年尤其是初一初二的时光里却充当了邓老师的冤家对头。如今想起那时候邓老师和他之间的矛盾纠结，似乎那些看似好笑又好气的瞬间都能令邓老师心中生发出一股暖流。

志达很执拗。他认定的事情不惜一切要做到。现在换个角度看来这也许叫做"执着"。他想踢足球，在中午，基本上是午饭刚刚吃过几分钟。邓老师不赞成，并且非常坚决地一再提醒他，这样饭后剧烈运动对肠胃不好。他看老师态度没有缓和的余地，于是当面改主意，义正词严地说："我中午不吃饭了，我减肥。"他确实很胖，可是邓老师认为，你为了踢球不吃午饭，还拿减肥作挡箭牌，不可以。其实他饿着肚子上下午课效果不好不说，还是很让邓老师心疼他的身体。

邓老师为此非常认真地跟他深谈了一次话。表面上他为了老师的感受不再在中午踢球了。还是后来他的同桌向邓老师抱怨他爱出汗有异味、邋遢不讲卫生等等时，才明白，他外形的肥胖给他内心带来更多的是不自信，才终于读懂了他减肥锻炼的初衷。

这之后，在他不太察觉的情况下，邓老师把班里最宽容最有爱心的女孩居里、男孩忆梦调到他左右做同桌，并且经常在全班场合表扬他的点滴进步。他的生活开始渐渐阳光起来，他的笑容越发自信了。肥胖不再是交友的障碍，不再是缺陷，由内而外地发现自己独特的美才是硬道理。他的朋友多起来，学习劲头也足起来，在他父母尤其是做编辑母亲的影响下，那份文学才华与激情开始大胆展露，学习与生活越发顺利。到了初三，志达成了邓老师的得意助手，从过去的那种结结巴巴的口头表达到既流利又富于逻辑的班会主持，从潦草混乱的字迹到工整甚至潇洒的作文范本，他在日新月异地成长，一不留神就已经创造了奇迹在你眼前。

编后语

帮助学生建立自信，也许就是这样的一件小事，老师寻找到一个突破口，给他们确立稍加努力就可以达到的目标，使他们体验到成功的快乐，进而产生继续努力的动力；要让他们坚信，自己的智商并不比别人低，只要努力，就一定可以获得成功。有时候，幸福感就这样悄悄地站在你面前，当做老师的你直起疲惫的身体抬头看时，你立刻会感到：原来，自己这般幸运，付出一切都是值得的。

建议30

以要求换请求，设置“成长障碍”

班前思考

有些班主任对学生提出的要求，不假思索，一下子就答应和满足学生。这样做的结果，往往导致班主任失去应有的向心力和调控力。如何在满足学生要求的过程中巧妙地施加教育影响，引领学生成长呢？应该说，以要求换请求，设置“成长障碍”，是屡试不爽的法宝。

方法/技巧

星星是个充满灵性的男孩，但他有个最大的缺点——不爱干净，不讲整洁。他的手总是黑乎乎的，作业本、课本脏兮兮的，而且两角翻卷，“体无完肤”。经过老师无数次责备和提醒，只在短暂的改变后又一切照旧。有什么办法呢?

一次偶然的机会，学习委员请病假，周老师随口叫星星放学后把作业本交到办公室。到了办公室，交完作业本后，星星迟迟不走，眼睛盯着书架。

“你看什么呢？”“老师，你能借书给我看吗？”周老师恍然大悟，星星是班里最爱看书的学生之一。“什么书？你自己拿吧。”“《科幻世界》。”他边抽出书边说，“谢谢老师。”然后一脸兴奋，激动地飞奔出去。周老师脑海突然灵光一闪：这是个机会。立即喊了声：“回来！”“星啊，这本书还不能拿走，你把我的书弄脏撕破了怎么办？”“赔。”“赔是应该的。我不希望你赔，但我要的是杂志的整洁。这个要求不高吧？”“我保证不把这本弄脏。”“我相信你，书一定借给你。但是你要把自己的课本整理好，角上翻卷的一张张拉直，散架的本子装订齐整，而且保持三天。三天后我来查看核实，然后借杂志给你。”

三天后，他果然按照老师的要求弄妥帖，周老师也兑现了诺言。

几天后，他还书时说：“老师，还有下一期吗？那个连载故事太惊险了。”

呵呵，有戏。周老师看了一眼杂志，说：“书好整齐，有进步啊！”继而又皱眉，“书页上这一块那一块的黑印，这大概是你下的‘黑手’吧？”他不好意思地嘿嘿笑了：“下次我洗干净手再看书。”“这就对了。不光看我的书要这样，平时也要注意讲究卫生。”随后周老师抽空去邮局补定了这本杂志。当星星第二次、第三次还书的时候，书齐整了，也不见污痕了。为了防止他的坏习惯卷土重来，周老师经常明察暗访，偶尔发现一两次课本又翻角的现象，就让他尝试晚上把课本压在枕头下等办法。后来，周老师还特意向他推介了一本被称为“中国的哈利波特的科幻小说《时光魔琴》。星星期待看到每期的《科幻世界》，也很感激周老师给他看《时光魔琴》，他小心而耐心地保持着课本的整洁、两手的卫生。一个学期过去了，星星的课本、作业本始终干干净净，各科作业的字也端正了不少。

编后语

老师提出要求、设置的“成长障碍”不是恶意的刻薄，而是善意的“刁难”和“苛刻”。其背后是爱，是责任。老师这样做，是深知“来之不易的弥足珍贵”的生活哲理，通过这样巧妙的方式使教育的目标转化成学生的内心需求，激发潜能，激励意志，养成习惯，进而分享到成长的喜悦。最好在适当的时机，一语道破天机，说出设难关、提要求的原委，让他们理解老师是这样艺术地爱着他，这样智慧地教育他，引导他今后更加自律自觉。

建议31

付出真爱，收获幸福

班前思考

夸梅纽斯曾说："教师是太阳底下再优越不过的职务了。"这种"优越"，老师们体味深刻，尤其是在教师节的日子。

方法/技巧

"老师，您的颈椎不好，这个枕头会让您舒服点"；"老师，这是我奶奶特意给您烙的贴饼子，对您的高血压有好处"；"老师，这是我从英国带回来的除皱霜，祝您永远年轻。"……一件件贴心的小礼物、办公室浓浓的花香、学生的问候让老师们感到温暖和幸福。

孙老师接手高一（11）班的第一学期，他收到了一份独特而珍贵的节日礼物：班长代表全班同学送给他一个金色的金属篮子，里面是一个厚厚的笔记本和全班50名同学对老师的新年祝福。篮子下面垫满了粉色的丝带，同学们说："全班同学都是您的粉丝（fans）"。这件有创意的礼物着实让孙老师感动。那个厚厚的笔记本是同学们记录的班日志，他认真阅读、细细品味了一个学期以来班级工作、学习、生活的点点滴滴，了解了平时没能注意到的细节，这对班主任的工作是一个帮助、建议和肯定。孙老师在班日志的最后一页重重地写下几个字——"做老师真好"。

另一次教师节，高二（13）班的老师们都接到邀请——参加主题为"吾感吾师"的班会。班会上，每名老师都收获了感动和满足，感动于孩子细心与用心良苦；满足于自己的苦心换来了孩子们的成长和领悟。

那一刻，整间教室都是温情。

为此，肖老师创作了一首诗歌《共同走过》：

师：人们说，教师是太阳底下最光辉的职业。

我只希望自己是一只船锚，甘于奉献，不怕埋没。

生：老师！为什么？

师：孩子，因为给永远比拿快乐。

师：人们说，老师是人类灵魂的工程师。

我只希望自己是一簇树根，在黑暗中吸吮水分，默默无闻。

生：老师！为什么？

师：因为枝繁叶茂，才能搭建更广阔的绿荫。

生：老师！可我觉得您就是演员，加减乘除、诗词歌赋，在您的讲台前都变成了精彩的艺术。

师：不，老师不是演员，老师只是用自己的知识和汗水去满足学生渴求的眼。

生：老师您就是歌唱家，天文地理、古今传奇，在您的黑板上都变成了美丽的音符。

师：不，老师不是歌唱家，老师只是用自己的喉咙和粉笔将真、善、美传达。

生：老师！天是什么？

师：天是雏鹰振翅高飞的场所。

生：可我觉得您的知识比天空还要广博，任我去求索。

生：老师！地是什么？

师：地是树苗成长的土壤，参天的根基。

生：可我觉得您的胸襟比天空还要宽厚，伴我去开拓。

师：每一个四季都会有自己的轮回。

生：每一个生命都会有自己的轨迹。

师：面对岁月的洗礼，是学生，激发了我们穿越的力量。

生：面对人生的风尘，是老师，教给了我们跋涉的勇气。

师：让我们共同走过，走过春天的细雨，走过夏天的烈日。

生：走过秋天的丛林，走过冬天的原野。

师：今天我们用真情，为孩子奉献成长的厚礼。

生：明天，我愿成为您，培育更多的桃李，谱写辉煌的旋律……

编后语

瑞士著名教育家裴斯泰洛奇说："从早到晚我一直生活在他们中间，我的手牵着他们的手，我的眼睛注视他们的眼睛，我随着他们的手，我随着他们流泪而流泪，我随着他们微笑而微笑。"从这一角度讲，学生美好的人生是被老师的爱唤起，是爱给学生以发展的生命。

建议32
孩子，让老师拉着你的手

班前思考

德育的重点之一是心育。学校是青少年德育工作的主要承担者，教师是青少年德育工作的重要责任人，尤其是班主任对学生的教育，必须针对学生的心理发展规律，走进学生的心灵，发现隐藏在他们心灵深处的心理问题，教育才能有的放矢。

方法/技巧

陈老师接管了一个学生问题比较集中的班级。在陈老师以往的班主任工作经历中，要么是自己从头开始带，要么就是各方面都表现很好的实验班，像这种中途接班、又是问题比较多的集体，是个很大的挑战。

在陈老师接班的第一天，班里就有个学生给她惹了麻烦。这是个桀骜不驯的孩子，常常对同学有一些攻击性行为。在他身上有很多棘手的问题，常常让老师们束手无策，陈老师未接手这个班级前就对他有所耳闻。

在体育课上，戴同和操场管理员发生冲突，出言不逊，盛怒之下的管理员扭着他来找陈老师。当时正是课间，好多同学、老师围过来，在管理员叙述的过程中，戴同梗着脖子，用倔强的眼神望着陈老师，一副天不怕、地不怕的样子。周围的同学、老师七嘴八舌地数落他，一些本班的同学静静地看着老师，看她如何应对戴同给自己的这个“见面礼”。

其实，本来戴同犯的这个错误没多严重，诚恳地道歉，管理员就会原谅他，关键是戴同认识错误的态度。但戴同一向被孤立，经常与周围人为敌，在他桀骜不驯的背后，陈老师感觉到他孤立无援的处境。

于是，陈老师平静地望着他，拉起他的手，紧握了一下，说：“戴，是你对老师的态度不好，认个错吧。”在拉起戴同手的同时，陈老师感到他颤抖了一下，与此同时，收起了浑身竖起的刺，爽快地道了歉，事情迎刃而解。

通过这件事，陈老师意识到戴同并不是一个不可救药的孩子，只要对症下药，这个孩子还是很有希望教育好的。

有一位老师和戴同住在一个小区，陈老师细心地向她了解了戴同的很多情况。戴同的家庭很富有，父亲做生意赚了大钱，但对家庭很不负责任，不管孩子，很少回家。母亲是个文盲，连给孩子签字都做不到，最可怕的是脾气暴躁，经常对孩子大打出手。因为父亲很少回家，母亲也很苦闷，整天迷恋打麻将，经常整夜不回家。在这种情况下，不仅谈不上合格的家庭教育，而且家庭对孩子的伤害对学校教育构成了阻力。

但是在对戴同的了解过程中，有个细节让陈老师看到了希望。戴同有个小妹妹，因为爸爸、妈妈经常不在家，照顾妹妹的任务就落到戴同肩上，他对妹妹的照顾特别周到。两个孩子在小区服务中心吃饭，哥哥对妹妹呵护备至，让人看了又感动，又心疼。通过这个细节，陈老师相信戴同是一个骨子里很善良的孩子，他也是一个需要爱、需要呵护、需要倾诉的孩子。

解决了戴同和管理员的冲突后，陈老师和戴同成了朋友。尽管他仍然每天都给陈老师找各种不同的麻烦，但只要班主任拉拉他的手，事情总能顺利解决。他很聪明，对陈老师所任教的数学课很感兴趣，陈老师时不时地给他开点小灶，既提高了他的成绩，又加深了彼此的友谊。

一天，戴同神秘地对陈老师说："老师，我妈妈过生日，我想给她个惊喜。"孩子愿意表达对父母的爱，这多么宝贵呀！陈老师特别热心地和他一起策划了一下，并说好明天一早再分享他的快乐。

第二天一早，陈老师恰好有事要早早到学校，教学楼里安静极了，但她的班里却奇怪地亮着灯。她推开门，发现竟然是戴同一个人静静地坐在教室的最后一排，一脸失望、落寞的表情。陈老师隐约猜到了原因，默默地和他并肩坐在一起，紧紧地拉着他的手。

通过戴同无精打采地叙述，陈老师知道果然是他妈妈又彻夜未归！孩子兴冲冲地买了鲜花、蛋糕，还自己做了菜，又兴冲冲地打电话给妈妈，可妈妈在电话里不耐烦地说："没什么要紧的事我就不回去了，你们自己吃吧，我在阿姨家打牌呢！"戴同被深深地伤害了。

从这件事之后，对戴同的教育就不是那么容易了，因为他又多了几分玩世不恭。

陈老师知道，在对学生的教育中，来自家庭的力量是多么重要，对戴同的教育，将来还会遇到许多未知的困难。但是，她愿意拉着他的手，给他最无私的爱，伴他成长。

也许这种教育看不到明显的成果，不会把他变成一个传统意义上的好孩子，但陈老师总相信，这爱会留在他的心灵深处，有一天他懂事了，也会把这爱传递给别人。

编后语

人是环境的产物，成长背景对一个人性格的养成有很重要的影响。教育问题学生要有的放矢，通过各种渠道了解学生的家庭背景和成长环境，是解决问题的关键之一。

要坚定：孩子，不管多么艰难，让老师拉着你的手！

建议33

破解问题学生的心灵密码

班前思考

社会生活是纷繁复杂的，学生也是千差万别。尤其是青春期学生，经常会发生各种大大小小的事情，一个又一个问题学生的出现，对班主任按部就班的教育教学提出了挑战。这需要班主任充满智慧，用“随风潜入夜，润物细无声”的教育方式破解一个个问题学生的心灵密码。

方法/技巧

石老师接手了一个文科班，过了不长一段时间，班上有一个女同学林凝引起她的注意。林凝学习很认真，英语成绩很好，并且在文艺方面有才华，主持、唱歌都不错，但是石老师好几次都发现放学后林凝会一个人在教室发呆，显得心事重重。石老师开始格外关注林凝，经常找她聊天，试图解开她的心结。

谈过几次话之后，林凝不再晚回家了，每天和同学有说有笑，她的表象竟然很好地掩盖了心理疾病。林凝这样的孩子，习惯于将个人的痛苦深深藏在心底，像暂时休眠的活火山，表面看起来平静沉默，却不知道哪一天会突然爆发。

不久后的一个周一，林凝没来上课，本着对每一位学生负责的责任心，石老师打电话给她的家长，林凝母亲很有礼貌地说她生病了，想在家休息一天。可是，到了第二天，林凝还是没来上课。她患了什么病？厉害不厉害？想到这儿，石老师又一次给她家里打电话了解情况。但是打了半天，家里没人接。石老师马上又给她妈妈的手机打电话，可是手机关机。

心急如焚的石老师又给林凝父亲打电话，结果他说早上已经把孩子送到校门口了。石老师说，孩子没有到校，是不是身体不舒服又回家了，你们回家看看吧。这时她的爸爸有些惊慌，道了声"谢谢老师"，赶紧挂了电话。

当天下午，林凝妈妈打来电话，说孩子病了，已经送到了医院，在快挂电话的时候，她哽咽着说了一句："石老师，我们一家人都很感谢您！"石老师有些莫名其妙，但也没往别处想，只是叮嘱她让孩子好好休息，病好了就赶快来上学。

过了几天，林凝妈妈来到学校，跟石老师说，孩子其实有比较严重的忧郁症，从高一时就有了，但一直没跟老师沟通，她自己在学校也尽量不表现出来。这一次犯得比较严重，医生让在家休息一段时间。她还带来了医生开的假条。

又过了一周，林凝还没来上学，石老师坐不住了，和年级组长一起去探望林凝。当来到林凝家里时，两位老师吃了一惊，她完全不是在学校时的样子了，两眼呆滞，面无表情，以前的灵气和活泼已经荡然无存。

她们在林凝家中与她聊了三个多小时，林凝终于开口说到了自己的心结，主要是家中父母的关系问题和她自己无法摆脱的情感困扰。

谈话中，她含着泪花说："我觉得什么都没意思了，我死都死过一次了。"两位老师赶紧劝慰她，又问她是什么时候的事。

林凝冲石老师凄然一笑，说："要不是您那个电话……"当时怕引起她的情绪波动，石老师没敢在这个问题上多问，只是鼓励、劝慰她重新拾起对生活的勇气。

在林凝家门口，石老师细细地询问了她的父母，才知道那天她在学校门口等家长走后，就返回了家中，穿戴整齐，打开了煤气，等她爸爸接到石老师的电话赶回家中，发现她已经昏迷过去，急急忙忙把她送到医院，医生说再晚送来一会儿就来不及了，所以那天下午她妈妈在给石老师打电话时才会说了那么一句话。家长说，这个事情他们一直不好跟老师明说，因为孩子自己对老师说了实话，他们也就不再隐瞒了。

两位老师听完之后都后怕得手脚冰凉，一方面心疼这孩子，一方面又庆幸那个电话打得及时，一个电话挽救了这个孩子。

后来石老师又去林凝家家访过两次，随着交谈的深入，她的劝解、疏导渐渐起作用了。

过了两个月，康复后的林凝回到学校，石老师和同学们对她倍加呵护关照，笑容重新回到林凝脸上，她又开始了充满希望的新生活。

编后语

在几乎每一个班主任的工作中，都会遇到不少有过不幸境遇、有过心理创伤、受到过挫折的孩子。从十二三岁到十八九岁的中学时期，是一个人从懵懂无知的少年，变为智慧成熟的成年的全部成长期，青春期的孩子敏感、叛逆、困惑，他们的情感、情绪和行为都处于极不稳定的阶段，处于生命中极为脆弱的时期。面对诸多年轻生命成长中的困惑、焦虑、抑郁或者障碍，班主任责任重大，责无旁贷。

建议34

对有青春期暴力倾向的学生进行积极疏导治疗

班前思考

青少年的心理问题日益突出，心理问题已不容置疑地融入教育范围，成为与思想品质并重的教育课题，这是新世纪新阶段教育的新特点，是教育工作者必须面对的现实。

方法/技巧

一天下午，心理老师陈老师正在办公室埋头写科研文章，忽然传来一阵急促的敲门声。她打开门，只见德育处老师把一位个头不高、胖胖的男孩带到她面前。这名男孩板着脸，一副不情愿的样子。从德育处老师口中，陈老师得知这位叫元元的男孩刚刚打了班里一名学生，好几位同学都拦不住他。更让陈老师吃惊的是，他还随身带着一把刀子。

过了一会儿，元元的班主任也来到办公室，谈起他的情况一脸苦恼。原来性格内向的元元打同学已经不止一回了，他有着无法控制的打人冲动，三天两头就会上演暴力事件，特别严重的一次竟然把同学打骨折了。现在，元元的暴力倾向越来越严重，班里同学都尽量疏远他，班主任和德育处老师多次教育均告无效。如何解决这个问题让班主任头疼不已，只好到心理老师这里寻求帮助。

听到老师的陈述，陈老师答应接手，对元元进行心理治疗。她根据多年心理咨询工作经验判断，有着严重青春期暴力倾向的孩子背后一般都存在家庭暴力。果然不出所料，经过两次与元元的细谈，陈老师发现他本性并不是坏孩子，而是很善良，而导致青春期暴力的根源是家庭暴力：父亲动不动就对他动粗，早在元元上幼儿园时，有时候和小朋友发生争执，老师告诉他父母后，父亲往往不问缘由，对着他就是一巴掌。在元元的记忆中，他的成长始终伴随着父亲的打骂。而父亲打他，他就打别人宣泄。此外，进入青春期后，元元慢慢长胖，而个头却长得不高，内向、自闭的他渐渐反感个头高的同学，经常控制不住想通过打他们获得心理上的平衡和满足感。

了解了情况后，陈老师马上联系元元的父亲，请他务必来学校面谈。见面后，陈老师分析了家庭暴力对元元的不良影响，强调父亲不动粗，孩子不动武。她诚恳的态度让元元爸爸深受触动，当即向陈老师承诺不再打孩子，用积极的态度帮助孩子进行心理康复治疗。

鉴于元元的心理疾患比较严重，陈老师介绍家长带他去医院诊断，药物治疗配合心理疏导，双管齐下，此外陈老师还向校领导汇报了元元的情况。经过校领导、心理老师、班主任开会讨论，向家长建议让元元休学一年。陈老师还请元元爸爸定期带他到学校心理咨询室，对他进行长达一年的治疗，帮助他认清自己不良心态的症结。

对元元进行了一段时期治疗后，这个孩子有了一定的自控力，当打人的想法在脑中一闪现时，他会紧攥着拳头，咬着嘴唇控制这种冲动。然而，在大家刚刚松了一口气的时候，有一天元元又打人了。陈老师把元元叫到办公室，问他打人的缘由，原来昨天晚上他又挨打了。昨天在课堂上，他书包里滚出半袋薯片，任课教师以为是他上课时偷吃零食，元元拙于言辞，没有辩解。按照班规，偷吃零食的同学要请全班同学吃同样的零食。他回家跟父亲要零钱买薯片，父亲问清原因，顿时感到失望、恼怒，一怒之下又打了元元。尽管事后很后悔，悄悄去买了薯片让孩子带到学校，但是对孩子动粗的结果是孩子又打人了。

事后，陈老师又把元元爸爸请到了办公室，跟他长谈了一下午，指出他的行为对元元造成的伤害，教给他一些切实有效的方法真正走进孩子的心灵。从这件事以后，爸爸再也没有打过孩子，有了家长的全力配合，陈老师对元元的心理疏导工作也进展顺利。元元逐渐走出暴力的阴影。如今，谁见了他都说这个孩子仿佛变了一个人，他长高了，也变瘦了，不仅学习成绩提高了，而且乐于助人，谦和懂礼貌。

编后语

如今，心理教育的趋势已经从教授知识转而向寻求心灵的感应、共鸣和破译心灵密码的方向发展，以使个体得到真正的自由发展。发现孩子的心理问题，积极进行疏导、治疗，是心理教育的重点。

建议35

对早恋的学生，宽容是一剂良药

班前思考

心理问题，从根本上来说，都是关系的问题：和自己的关系，和同学的关系，和老师的关系，和学校的关系，和社会的关系。而归根究底，都会追溯到孩子和父母、家庭的矛盾与冲突。孩子把不良的家庭关系模式带到外界，就产生种种不良行为。

方法/技巧

有一天，一位忧心忡忡的母亲来到心理老师的办公室寻求帮助。一落座，她就忍不住抹眼泪，拉着老师的手，连声说："请救救我的女儿吧。"老师赶忙安慰，待她的情绪平复下来，询问事情的原委。

原来，她的女儿刚刚自杀未遂。从母亲的叙述中，心理老师得知现在读初三的晶晶从初一开始就和一名男生谈恋爱，现在男生提出分手。晶晶对这段感情看得特别重，她特别难过，一有空就到男孩所在班里找他，在校园看到他就忙着追，男孩忙着躲，事情在整个班级闹开。班主任多次劝说无效，无奈之下只好把她的母亲找来，母亲难以想象平时乖巧可人的女儿竟然做出这种行为。回家后情绪激动之下对女儿说了一些极其难听的话，自尊心很强的晶晶一时接受不了母亲对自己的评价，偷偷服用了安眠药。尽管抢救及时，但是难保她不再有自杀念头。母亲无奈之下，只好求助心理老师。

心理老师分析，一个人的自杀念头往往会持续一段时间，这段时间需要24小时监护，持续一段时间可能这种念头就断了。于是，老师请来晶晶的班主任、父母，一起商量对策，决定对她进行不间断的看护，并且一周两次接受心理老师治疗。在此后一段时间，晶晶上学由其父母送到学校，放学后由班主任亲自把她交到父母手里，在课间安排几名性格开朗的同学全程陪她，多关心她，与她多沟通等。

每次晶晶接受心理治疗，都由班主任亲自送她到办公室。心理老师多次对晶晶进行心态调节，引导她打开自己的心扉，谈她的成长经历和感情生活。经过谈话得知，晶晶的父母忙于工作，对孩子要求特别严格，她从小没有和父母建立亲密关系，这导致她特别渴望和人建立一种被关心、被照顾的亲密关系。而感情受挫，她为了挽回亲密关系，采取了种种极端行为。

为了打开她的心结，心理老师多次请她的母亲谈话，谈到现在的学生，心理压力大，有个别心理出现严重障碍的学生甚至会走向极端，结束自己年轻的生命。心理学研究表明，70%~80%有自杀倾向的中学生是因为感情问题，这个年龄段的学生比较单纯，往往把感情视为青春期的全部。不过导致自杀的原因往往不是失恋本身，而是周围的人及家长的态度。几番恳谈让一向严厉的母亲认识到和孩子关系的不足，渐渐主动和孩子亲密接触，让她感觉到暖暖的母爱；心理老师也把那名男孩叫到办公室，让他和晶晶面对面谈谈彼此的感情问题，自己则加以引导分析。

经过一段时间的治疗，晶晶打消了自杀念头，情绪也逐渐平复。可谁知发生的一个小插曲，又让人虚惊一场。这一天，到了心理治疗时间，心理老师却没等到她的到来，打电话给班主任，班主任说已经把她送到心理咨询室的门口，没料到她没进门。两位老师慌了，赶快满校园找，并打电话给她父母询问是否回家了，大家找了两个多小时，也没见着晶晶的身影。就在一筹莫展之际，心理老师收到晶晶发来的短信："老师，您不用担心。今天是我们认识三周年纪念日，我到校门口麦当劳坐了会，又去了曾一起去过的公园。请您放心，我现在受伤的心已得到修复，今天出来只是为了彻底忘记这段感情。以后我要做全新的自己。"

看到短信，老师们长舒一口气，这一段时间的努力没有白费，不仅救人，而且救了孩子的心。

教育孩子的前提是了解孩子，了解孩子的前提是尊重孩子，对孩子宽容。不能用粗暴的方式对待现在的孩子，而应该用宽容的眼光看待他们成长中出现的问题，教给他们处理感情等问题的方法。

编后语

面对由于家庭教育缺失、受社会不良影响，出现严重问题的学生，要在校领导的支持下，汇集心理教师、班主任、家长、学生本人等进行会诊，从关注学生的行为到关注学生的心灵，找出最有效可行的教育措施，形成教育合力，有的放矢地对学生进行教育。学校的心理健康教育与社会、家庭结合起来，形成三位一体的教育网络，才能从根本上保证这项工作的针对性、有效性和及时性。

建议36

循循善诱拂去学生考前焦虑乌云

班前思考

教师不仅应该是给学生传道、授业、解惑的良师，也要做抚慰、疗治、净化学生心灵的益友。教师素质直接决定着教育实施的状况，决定着德育工作的成败，决定着未来人才的素质。

方法/技巧

于老师就是这样的一位智者、师长、益友，他通过循循善诱、身体力行，让学生知人生之真谛，晓行路之准则。

芳芳在一次重要考试中成绩严重下滑，她无法面对这一事实，心理上不堪重负，于是在周记本上写下这样的文字：

最近，我开始迷信《圣经》，开始向往伊甸园里清澈见底的小河，向往两岸的生命树以及慈善树上的果子，向往那高高的自成特色的教堂屋顶，向往那缓缓流动的圣乐，那不分长幼和贵贱的虔诚的膜拜，那庄严神秘的祝福和赞美诗……这一切都是新鲜的召唤，我如何禁得住耶酥的诱惑？

长期的精神紧张，加上考试的严重失利，让芳芳对自己失去了信心，萌生了逃离现实皈依宗教的念头。透过她无助的眼神，于老师看到了一颗痛苦的灵魂。他先用最浅近平常的道理开导她：学生考试失误是再平常不过的事了，因一件小事，郁郁寡欢，愁肠百结，这除了危害你的身心健康，对其他的一切，既不能影响什么，也不能改变什么……经过这样一番开导，她的心绪渐渐平静下来。

然后，于老师话题一转，问她可曾见过害怕失败的蚂蚁——小小的一只蚂蚁，无论如何身单力薄，在扛起一粒粮食的时候，都是一副器宇轩昂的样子。米粒一次次地掉下来，它就一次次地找到它，再信心百倍地扛起来。即使有时一粒米彻底丢了，它们也是昂然离去，没有一点沮丧。有谁见过垂头丧气的蚂蚁？讲到这里，芳芳不禁会心一笑。这时，于老师送她一句罗莎·卢森堡的名言："不管一切如何，你仍要保持平静和愉快。生活就是这样，我们也必须这样面对生活，要勇敢、无畏、含着微笑地——不管一切如何。"并且告诉她"人生不如意常十之八九"的道理，听着听着，她陷入了深深的思索之中。

于老师还肯定地对她说：

《圣经》的确是一部不朽的著作，在一份"影响人类进程的100

部名著”的排名中，第一是《资本论》，第二就是《圣经》。但是，就像人们喜欢《老子》喜欢的是那东方哲学的深邃，是那生命的大智慧，而不是要归隐山林一样；喜欢《圣经》，你可以从中汲取丰富的精神营养，而不必去做一个基督徒。

看到芳芳神绪变得平静下来，于老师趁热打铁，告诉她情绪锻炼的重要：

人生的路很长，在这条路上，你什么事都可能碰到。如果遇挫即败，一败即溃，就将一事无成。你必须让自己的心理坚强得像郑板桥诗中的竹子，“千磨万击还坚劲，任尔东西南北风”。走过风雨回首往事时，你会发现，原来一切“境由心造”，只要宁静下来，去留无意，心无挂碍，其实本来“也无风雨也无晴”。

接下来，于老师又给她讲了一个有趣的故事：

在一座寺庙里有一位禅师和一个小和尚。一天，小和尚对禅师说：“师傅，咱们这里太荒凉了，种些草吧。”禅师瞅了他一眼说：“随便。”小和尚把草籽撒播在院子中。不久，飞来几只鸟儿，啄着地上的草籽，小和尚急忙跑到禅师的跟前说：“师傅，鸟儿在啄我们的草籽。”禅师坐在打坐垫上说：“随意。”几天之后，寺院里刮来一阵风，把草籽吹向天空，小和尚又急了，赶快禀告禅师，禅师还是静坐在那里，说了句：“随缘。”转眼间，春天到了，看着寺院中的一片嫩绿，小和尚不禁喜出望外，他把这个喜讯报告给了师傅，这回禅师连眼睛都没睁，只淡淡地说了一句“随喜。”

对同一件事，小和尚与禅师的态度是多么鲜明的不同！不管是草籽撒过、微风吹过，还是小鸟飞过、小草绿过，小和尚都一惊一乍，坐立不安；禅师则波澜不惊，心如止水。这份平常心看似简单，实则多年修炼的结果。这种平静的对待一切事物的态度是非常重要的，因为生活本来是流动变化的，得失起落自然在所难免，所以对于偶然吹来的一阵风，偶尔飞去的一只鸟，你完全可以听之任之，不必在意。拥有一颗宁静的心，你的生活便少了几许悲观失落、伤心欲绝，多了几分乐观自信、恬适自然。其实学习的过程就是这样，只要你踏踏实实地播撒下努力的种子，不管它风吹鸟啄，你终会有收获“一片嫩绿”的成绩的那一天。

经过这样一番疏导，笼罩在芳芳心头的乌云一扫而光，她变得积极乐观起来。她又在随笔中写了一首小诗，抒发她的人生感悟，记录了自己的心路历程和对老师发自内心的感激。

生命·跋涉

这片天空

拒绝不了翅膀

你说

活着，就要飞翔

为着一个不变的执着

和绿色的希望

把阳光植满旅途的每一方

把风雨

筑成旅人的栈房

你说

还是要启程

既然生活拒绝不了风雨

就把泪水

写成一行坚强

此后，芳芳如同自己诗中所写，心无旁骛、信心百倍地投入了学习生活。再次考试时，成绩一下子提高了上来，而且把优势一直保持到了高考，如愿走进了她理想中的大学。

编后语

心理态度具有不可忽视的力量，对人的行为具有不可思议的影响力，要相信思想的巨大力量，比身体的力量不知要大多少倍。

建议37
以教育智慧打开学生心门

班前思考

高三学生面临紧张的备考，有的学生心理素质不过关，容易产生明显的心理焦虑，如果任其发展，学生就会由紧张而失眠，由失眠而健忘，由健忘而降低学习效率，并因此成绩严重下滑，自信频遭打击，进而加重心理焦虑的程度。心理与成绩互为因果，若恶性循环，后果不堪设想。有经验的老师教育这样的学生，不止是简单地传授知识，还要充当他们的知心朋友，引导学生渡过心理难关。

方法/技巧

于老师已经多次遇到过学生的这种情况，他用“宁静”为一剂良药，引领生命，使面临巨大高考压力的高三学子的心灵朗若晴空。

小硕是全年级出类拔萃的学生。课堂上，她精神高度专注，学习状态一直很好。可是有一段时间显得无精打采，甚至早读时就伏在课桌上昏昏欲睡。细心的于老师觉察到这种反常行为，悄悄把她找到了办公室。

问：你每天睡得特别晚吗？

答：嗯，睡前总喜欢想点事儿，睡得就特别晚。

问：睡觉前应该放松下来，一定要保证睡眠质量，再说有什么可想的？

答：不，我现在想把学习放一放，好从别的方面有点收获。

问：你想收获什么？

答：我也不知道。就是觉得烦，尤其在夜里睡不着的时候，有时把头脚掉一个个儿，还不行，白天一天脑子也不清楚，记忆力明显下降。

问：你晚上不能早睡一会儿？

答：如果晚上能早睡着，早上我就早点儿起来再想事儿。

从这位学生困顿的神色里，他看到了一颗亟待拯救的灵魂。

于是，于老师告诉她，尽管人是思想动物，尽管古人说“心之官则思”，西洋哲学家笛卡儿也说“我思故我在”，但你不能什么都去思，应该思而有益；不应该胡思乱想，应该思而有序；也不应该时时刻刻去思，应该思而有节。

他用老子的话给她讲应该给生命留出空白的道理。《老子》十一章写道：“三十辐，共一毂，当其无，有车之用；埏埴以为器，当其无，有器之用；凿户牖以为室，当其无，有室之用。”老子用生活常识讲了一个很深的道理。一辆车，只有当轴和轴瓦之间有空隙，车轮才能转动，车才能发挥其“车”的作用；烧制的陶器，瓶子也好，罐子也好，只有当中是空的，才能盛东西；修房盖屋同样不能把建筑物修成“实心”的，只有中间是空的，人才能住在里面避风雨，御寒暑。一个人从早到晚学习了一整天，晚上已经很疲倦了，就该踏踏实实地去休息，而不是去漫无边际无休无止地“想事儿”。如果一直这样下去，不但会影响学习，而且会累垮身体；不但是极不科学的，而且也是极不明智的。

最后，于老师还把考门夫人的一段话抄给了她。

在各种生命中，唯宁静最具影响力。阳光静静地普照大地，人的耳朵听不见任何声音，但是它却带给人无限的祝福和行善的能力。地球引力也是沉默无声的，它没有机器的嘎嘎声、铁链的铿锵声，也没有引擎轰隆隆的噪音，然而它却操纵着宇宙的星球按照一定轨道运行不已。夜晚，露水悄然降临，润饰着每一棵小草，每一片树叶，每一朵花瓣，使它们焕然一新。电的本源不是轰然雷鸣，而是无声的闪电。大自然的奥秘隐含在宁静之中，巨大的力量常常无声无息地进行。

自然界的奇迹都是在静谧中酝酿。宇宙的巨轮无声地运转。我们处在这个嘈杂的时代，如果想保持圣洁，每天必须有一段孤独宁静的时刻。

他告诉小硕，你每天的睡眠就是这最为宝贵的一刻。

几次的面谈、笔谈，使这位同学逐渐松弛了紧绷的神经，舒展了紧锁的眉头，绽出了轻松的微笑。随着宁静滤去人生的杂质，清冷的感情泉水便流进了亟待滋润的心田，于是，心灵纯净无染，天空一片蔚蓝，生活充满阳光。

在以后的日子里，无论学习多么紧张，小硕都显得精力充沛，乐观从容，并以优异成绩保送大学。

谈到教育的心得，于老师这样认为：

身为老师，永远都不要把心肠变硬，因为教育需要悲悯；永远都不要把情感变冷——因为教育需要激情；永远都不要把心灵变木——因为生命需要灵动。

编后语

美国教育家帕尔默认为：优秀的教学源自教师的心灵，教育的最高理念是从人的心灵深处引出智慧的内核，教师应该以心灵导师的身份来启迪生命，以心灵的教育为事业的最高追求，力争让平凡的教育流光溢彩，美妙动人。

建议38

细心引导有自闭症倾向学生宣泄情绪

班前思考

心理学告诉我们：如果长时间的过度精神紧张得不到有效缓解，就会使大脑皮层的兴奋和抑制过程失去平衡，植物神经功能紊乱，形成焦虑、烦躁、恐惧、强迫等一系列心理障碍，进而引发衰弱、精神萎靡、寝食难安、记忆力下降等病理症状。可见，过重的心理负担对学生身心健康的摧残远甚于课业负担。

方法/技巧

严老师教高一的英语兼高一（2）班的班主任。寒假刚过，高二年级的一位英语老师请了两周病假，教研组长请她跨年级去代课。

本来跨年级代课的备课、上课压力就很大，能同时将手头的两个年级四个班的英语课按正常进度上好就已经是很大的挑战。一天上午，严老师在两个班级口干舌燥地连上完四节课，放学后她准备去食堂时，代课班一位名叫杨子的学生约她问问题。尽管疲惫不堪，但看着学生真诚的求知眼神，严老师没有拒绝，欣然接受了答疑约定。

令严老师意想不到的是，到办公室后，杨子竟然拿出一厚本的《优化设计》，里面夹满了一叠存疑的小条。严老师心里不禁打鼓，不知几个中午才能把她的疑问答完。可就在这一对一的交流过程中，严老师发现这是个很会学习的孩子，有自己独特的学习方法和很多睿智的想法。答疑的效率也因为杨子的会学而大大提高，原本以为杨子攒了一个寒假，几天才能回答完的问题竟然在不到一小时就答疑完了。

职业的敏感与好奇让严老师和杨子间有了一段闲聊，更让两人建立起了一段奇妙的缘分。之后随着对杨子的深入了解，严老师发现在好学上进的背后，她有自闭症倾向，是个生理、心理都极其脆弱、需要格外呵护的孩子。这引起严老师的担忧，隐藏在潜意识中的内隐不良心理，往往是未来心理发展的隐患和大敌。于是在多次接触中，严老师主动与杨子交流，积极引导、鼓励她，杨子也逐步向老师敞开心灵，宣泄自己的繁杂情绪，倾诉自己的种种心事。

高二学生面临主课会考的压力，争强好胜的杨子花大量时间备考。紧张备考之余，她喜欢照顾自己的宠物——一只大乌龟，这是她从小学一年级就开始养的，每天她都不厌其烦地给乌龟换水、喂食。母亲怕她在照顾宠物上浪费太多精力，跟她进行了一次严肃的谈话，要求孩子想办法把乌龟处理掉。

杨子拗不过性格强硬的母亲，看着自己的玩伴，难舍难离，也想不出更好的办法，着急之下找到了严老师。

“老师，您是我最信任的老师，也是唯一能够倾诉心事的朋友，您看能不能帮忙养一下胖龟。如果失去它，我会特别伤心。”

看着在盆里游弋的胖乌龟，严老师本想拒绝，因为她繁忙的工作之余，还需照顾年幼的孩子，并打理家务，根本无心再养那么大的宠物。可是听着孩子乞求的话语，看着她茫然无助的眼神，实在不忍心让她吃闭门羹，只好勉为其难，答应暂时收养。杨子这才破涕为笑，“我知道您肯定会答应的，您是我最好的朋友。”

等领回家，严老师发现杨子能将乌龟从铜钱大养到盘口大真不是一件容易的事，她心中平添了对杨子的欣赏与理解。她每天要给如盘口大的乌龟换水、喂食，还要让它在屋里散步。好不容易坚持养了两个多月，天气越加暖和，换水的频率也更大，严老师实在力不从心。面对一个特别敏感、心理脆弱的孩子，如何给乌龟找个更好的归宿而不伤害她对小动物的一片爱心，呵护她容易受伤的心灵，严老师思考了好久。

终于，她还是委婉地与杨子谈心，告诉她老师实在没有太多的精力再很好地照顾胖龟。杨子是个懂事的孩子，她满含眼泪，诚恳地对老师表示感谢，为给老师添了太多麻烦而道歉。

看到她情绪稳定后，严老师才稍稍松了一口气，并小心翼翼地问：“你看老师把胖龟放生，你同意不同意？”“如果老师给你把它放到外面的野河或者公园的湖里，可能会遇到野钓或清淤泥等危险。要是老师把它放到清华或者北大的湖里如何？胖龟每天都能听到朗朗读书声，闻到书香，它还会变成一只博雅龟呢。再说，以你的基础和能力，加上一年多的努力，高考后肯定会是这两所学校其中之一的学生，何不让我们的胖龟先去那儿试试水，让它在自然的怀抱自由地遨游，也可以在你踏进校园时最早送来老伙伴的问候？”

半拟人、半童趣的提议让杨子破涕为笑，眼睛灿然一笑，“老师，我外公、爸妈都是北大毕业的，您就把它放生到未名湖里，可以吗？”

“当然！”严老师释怀地又郑重地点点头。

在一个烟雨蒙蒙的周末，严老师一家三口特意来到未名湖放生乌龟。杨子因为学业紧张没有随同前往，可严老师没忘带着相机，把乌龟离开家门口、到草地上适应、游到水中回头张望的镜头一一都拍了下来，她把这些弥足珍贵的照片交给杨子，并且鼓励她实现学业上的目标，“胖龟在北大等你呢，一定要心无旁骛地学习，老师相信你肯定会与它重聚的”。

这就是教育的智慧，不仅处理了棘手的难题，也巧妙地激励了孩子学习的动力。

在高二高三学习压力很大，学业正紧张的时候，杨子也进入了强烈的青春期萌动。可父母忙于工作，无暇顾及孩子，懂事的她也不想让父母担忧，再加上身体孱弱，众多心理问题把这个孩子压得不堪重负。似乎听到了警钟在鸣响，性格内向的她隔三岔五地去办公室找严老师，以问问题为借口，但更多地是想找她信任的老师聊天解压。

学生的信任让严老师不得不担起妈妈的责任。有一回杨子又在教学楼晕倒了，等缓过来同学要送她回家时，她却说找来严老师就可以了。严老师很快地来了，是老师但又更像母亲般地把她带回自己家，安排她睡在自己女儿的床上，倍加呵护。

缓过劲后，严老师指着刚刚拎过的书包怜惜地说："你这么个小人儿，每天背那么重的书包，对自己那么苛刻，不怕累垮了么？"

一句话惹得于霏眼泪漱漱的掉下来，她又想到了自己的乌龟，"老师，我的书包对我来说就像乌龟的壳，我从来没有把它当做一种负担，它就像壳在保护肉体一样，背着它我觉得安全、自信"。

严老师听了既欣赏又心疼这个孩子，她更认识到处于青春期的孩子情感世界是多么复杂又细腻。尽管自己不是学生的任课教师，但是当孩子信任自己时，自己无法推脱对孩子的呵护。这是作为一名普通教师最起码的责任。

编后语

目前，课业减负的确是心理减负的重要手段，但课业负担减轻之后，心理负担未必随之减轻。因为课业只是造成学生心理负担过重的原因之一，而远不是全部。对于有心理障碍的学生来说，外界的化解毕竟是被动的和暂时的，远不如让每个学生都掌握一些心理健康知识，学会心理调节的方法有效。如果学生在过度紧张时能自我释放，在压力过大时能自我减负，在焦虑不安时能自我化解，那么就等于把心理健康的"安全阀"教给学生，学生也就成为自我心理健康的守护神，从而能心态平稳，心境乐观，积极快乐地学习和生活。

建议39

对有游戏瘾的学生，用具体可行的小目标激励改变

班前思考

很多时候，学生做事不能坚持到底，原因不是他们没有热情，不明白道理，而是他们没有恒心。遇到“九曲三弯”后，他们的热情渐消，再反复几次，就没有恒心坚持下去了。其实，遇到那些弯曲时，只要他们能挺住，就极有可能坚持到底，取得成功。所以，拯救网瘾学生，锻炼其毅力，培养其恒心，是我们首当其冲的任务。

方法/技巧

笑笑自从第一次接触手机游戏，就全身心地扑在了上面。上课玩，下课玩，回家的路上也玩，甚至睡前都必须玩半小时才能安心

入眠。像她这样没日没夜地玩游戏，学习成绩大幅下降，眼睛也因此近视了。

张老师发现她这个坏习惯后，几次三番告诫她不要玩，可是笑笑答应得很干脆，忍不了一会儿，就又玩起来。单纯的批评看来不能戒掉玩游戏的瘾。张老师要找一个更好的办法帮助她。

一天，笑笑因为上课玩游戏被其他老师抓着了，来办公室主动认错："老师，对不起！我就是控制不了自己，就是想玩。昨天我也发誓说不玩了，在课间确实坚持住了没玩，可是刚上课就又忍不住了。"张老师与笑笑聊了起来，了解到笑笑就是一个没有恒心和坚持力的孩子。

"笑笑，你愿意配合老师吗？或许，老师可以找到一个帮助你改变的方法。"张老师思索了片刻说。"好啊好啊！只要我不再这样，您叫我干什么都行。"

第二天，张老师给笑笑制定了一个这样的计划：第一天，每节课有任意35分钟的时间可以玩游戏，但其余的10分钟必须认真听课，否则没收手机；第二天，每节课有任意30分钟的时间可以玩游戏，另外15分钟则必须认真听课，否则没收手机。依此类推，到第八天，将不能再玩游戏，一整堂课都必须认真听课。如果连续8天还有上课玩游戏的念头，就进行第二个轮回，直到不再玩手机为止。

计划从当天下午第一节课开始执行。

那天下午第一节课，笑笑把前35分钟的时间都用在玩游戏上，但是最后10分钟却比较认真地听课了。

第二节课，笑笑在前10分钟认真听课，而后就开始玩了35分钟的游戏。

……

4天以后，笑笑主动找张老师：“老师，我现在不那么想玩游戏了。可不可以现在就取消计划呢？”张老师微微一笑：“暂时还不可以。因为你还是有可能趁老师不注意去玩的。你必须达到没有丝毫玩游戏的念头，或者把手机放在你面前，让你玩都不想玩才可以。”接下来，笑笑继续照着老师的话去做。到了第六天，在张老师的课上，他发现笑笑竟然把手机放在了课桌上，但是一整堂课都没有去动它，甚至连看都没有看一眼。

放学后，张老师把笑笑叫到办公室：“笑笑，做的不错！我听其他老师说，你已经好几节课都没有玩过游戏了。这样下去，你至少在不玩手机游戏这件事上，算是有恒心了！”

“嘿嘿，”笑笑不好意思地笑道，“我现在已经能把全部心思都用在听课上，不再想玩游戏了。老师，您这个计划真好。我刚开始实行您这个控制自己不玩游戏计划，觉得不是很难，因为我只要克制自己一小会儿，就达到了目标；再控制一小会儿，就又达到了目标。那种感觉真好。”

听着笑笑的话，张老师欣慰地笑道：“你悟出道理来了。没错，我们的恒心就是这么锻炼出来的。以后，你把自己要做的、必须做的事情，都像我这样列一个具体可行的计划。慢慢地，你做所有的事情，都会有恒心，能够坚持下去。”

笑笑听从了张老师的建议，果然，就算是讨厌的弹钢琴，现在也能连续弹3个小时，而且一点儿都不觉得累。

编后语

目标制约着行为的方向。一个人只有主动自觉地实现既定目标，为实现目标而不懈努力，才能体现出他的恒心。对学生来说，只有指出该做什么，怎么做，要达到怎样的要求，使学生一清二楚，尤其使这个目标在短期内学生经过努力可以实现，才能激励学生不断督促自己去努力进取。

完成一个目标后，成功的喜悦会强化学生的进取精神，产生激励他确定并完成下一个目标的热忱，从而养成不断进取的习惯。对于教师，面对学生认为改变难度大、甚至排斥对抗的事情，我们与其一次次批评训斥，不如找到对应方法，一开始就把要解决的问题分解成一个个小目标，完成小目标的快乐会激励学生努力坚持下去。这个过程很好地锻炼了学生持之以恒的决心，轻易不会放弃。

建议40

对后进生，让他们尝到成功的滋味

班前思考

后进生在学校里，主要表现为不愿意学习，或者不认真听讲，或者趴在课桌上睡觉，或者趁老师不注意搞恶作剧，干扰课堂秩序，经常不完成作业，对考试、测验无所谓。相反，却对电游、球类运动或者言情、武侠小说等感兴趣，总是幻想离开学校、离开课堂、离开老师、离开作业、离开考试，更有甚者，因为空虚、孤独、无聊等消极情绪的困扰，沾染上了吸烟，沉迷游戏、网络，谈恋爱等不良习惯。这将严重影响到学生自身的心理、生理健康发展和良好个性的形成。尤其是这些不良习惯具有扩散性，很容易破坏班级的学习气氛，传染给周围同学。因此，老师要从学生心理需要出发，对后进生进行尽早的教育和帮助，切实解决好他们的学习问题，使他们爱上学习，进而让他们更好地适应学校教育的要求，健康快乐成长。

方法/技巧

娜娜原来是一位学习中等的学生，因家庭变故让她情绪很消沉，加上交了几个调皮、厌学的学生，精神状态非常不好，好像变了一个人似的，课堂上不是看言情小说，就是玩手机游戏，或者在本子上涂画，成绩迅速下滑，心思全不在学习上。

潘老师看到娜娜不求上进的样子，很着急，下决心要帮助她转变过来。

一次，讲“中心对称和中心对称图形”时，潘老师提醒娜娜认真听课。娜娜却说：“听有什么用，考试还是不及格。”

“怎么会呢？只要你每节课都能记住几个知识点，考试的时候就会做相关题目，那样你的成绩会进步。如果你一个也不听，肯定是不会进步的。”娜娜没有说话。

“你现在学会一个是一个，否则等哪天想认真学习了，再去补，就困难了，因为落下的功课太多了。”娜娜依然没有说话，但打开了课本。

下课后，潘老师主动找到娜娜问：“这节课学到了什么啊？”

“什么都没学到。”娜娜沮丧地回答。

“不可能！虽然你走神了一段时间，但也不至于什么都没学到啊。什么叫中心对称，你知道吗？”

"知道。就是一个图形绕着某一个点旋转，如果它能够与另一个图形重合，就说明这两个图形关于这个点对称，这个点叫做对称中心，两个图形关于点对称也称中心对称。"

"哦，记得还可以。那么中心对称的两个图形有什么性质呢？"

"关于中心对称的两个图形全等，好像……"

"这不是知道不少嘛！"

"这都是书上的知识，学他们有什么用？"

"如果中考时，有这个问题，你是不是就会做啊？娜娜，我们学习不是必须把每节课的所有内容都学会，也不是必须会灵活运用每个知识点。学到什么程度，不是看老师的要求，而是看你自身的能力。比如你，已经很久不认真听课了，如果我再要求你记住这一节课的所有知识，你是不是很头疼啊？是不是更厌学了啊？"

"嗯，好像是这样。"娜娜若有所思地回答。

"所以，我们不要总与别人比，要和自己比。像你今天，能记住这些知识点，就表明你进步了。你应该为此感到高兴。"

"是哦！每天学习一点，考试的时候就进步一点。日积月累，我很快就会进步一大截。"娜娜好像有点兴奋。

"你每进步一次，就会高兴一阵。那么，在接下来的学习里，你就会积极很多，你的学习效果会更好，进步也会更大。到时，同学们该怎么看你啊？是不是？"娜娜终于有些心动啦。

"潘老师，您说得对。从今天开始，我会为每一次小进步而努力学习的。"

从此后，娜娜不再拘泥于自己是不是学会了老师讲的所有知识，而是更看重自己学到了多少，会运用多少。想着自己终于又学会了一个知识点，总是偷偷高兴呢。逐渐地，娜娜爱上了学习，也与另外几个厌学的学生慢慢疏远。一个清新快乐的娜娜回来啦！

编后语

人是情绪化的动物，情绪影响人的行动。学生喜欢表现自己，以引起老师和同学的注意。多数后进生经常受到冷落而越来越自卑，越来越消沉，从而自暴自弃。老师要针对不同的学生采取不同的策略，设身处地为他们搭建表现自我的舞台，刚柔相济，才能达到最佳效果。成功了，学生就对自己更加有信心，而且这个成功还会转化成继续前进的动力。有了信心，有了前进的动力，再加上目标明确的行动，学生就会从成功走向成功。教师要教给学生“学一点是一点”，“要和自己比”的道理，让学生在一个个小目标中享受到成功的滋味，在这些小小成功激励下，学生会变得积极乐观，自然就会调动自觉性，转化为持久的动力。

建议41 让每个学生追梦从这里开始

班前思考

每一个学生都是一个鲜活而丰富的生命，他们是具有独立人格和丰富心灵的人，自由幸福发展是他们的需要，而创造一个让他们自由发展的校园环境更是对学生的爱护与尊重。只有自由地发展，才能健康地成长，才能活跃地创造。而班主任工作，就是捕捉学生心灵中昂扬向上、追求真善美的种子，然后去精心地播种、浇水、施肥，使之开花、结果。

方法/技巧

很长时间以来，乐乐都是一个没有梦的孩子。

上课、考试，做着每个学生都应该做的事情，单靠一两次相对理想的分数来换取一时的学习热情，他感到生活没有意思，没有梦的孩子一点也不快乐。

直到有一天，乐乐向老师应允全权负责班里英语剧的拍摄时，才发现这赐予他的不仅是挑战自我的极限，更是发现自我的起点。电影之梦的种子在孩子们闹闹嚷嚷的《王道》拍摄现场诞生了。

创作过程无比艰辛，单是连续10个周末的日夜奋战，远赴拍摄场地的艰苦跋涉，就已经证实，电影对于乐乐，对于他的伙伴，已经不再是玩闹的工具或是风光无限的说辞，它变得像生活一样真实，像事业一样厚重了。制作过程中，团队成员在雀跃，在蹒跚；在吵成一片，在得意洋洋；这些悲喜交集的体验让乐乐一下子长大了许多。

《王道》的放映获得了巨大的成功。而后乐乐一发而不可收，他所执导的《无语》在学生电影节大获全胜。更为可贵的是，这个曾经无梦的孩子，从此有了美丽的梦想，找到了真正的生活目标。为此，他自信而快乐。

编后语

老师和学校给学生搭建了展示潜能的最宽广的平台，让他们编织自己的梦，寻找自己的理想。学生们正是在这个平台上酣畅淋漓地表现着自我，带着梦想走过美好的中学时代。

建议42

为学生创设表现特长的舞台

班前思考

同学自主设计和开展的校园活动成为了学生展示自我、欣赏自我、释放自我的大舞台。校园在学生的组织下灵动起来，成为他们幸福成长的乐园——不仅让他们通过现在的努力获得将来的幸福，也让现在的成长过程充满幸福和快乐。

方法/技巧

经过近两个月的筹划和准备，在廖老师的幕后指点下，由学生会组织的多元文化节如期举行。此次活动的口号是“Not No.1, But Only One（不是第一，但做唯一）”。长约十几米的横幅悬挂在学校花园中，招来很多过路师生的注目。作为多元文化节的主题“但做唯一”的目的，在于唤起每一个人心中的力量，重新彰显每一个人人生价值的敞亮。

每个班有自己的表演区域，课余时间班里每位同学都可以上去表演，尽显十八般武艺，即使表演水平平平，没有观众，在舞台上自娱自乐，也玩得尽兴，其乐陶陶。

有的同学在文化节上亮出独门绝活，抛球、绣花、小魔术、编织……小手艺彰显出独特的魅力，这些平时难得有机会看到的表演特别受同学的欢迎，表演者也过了一把明星瘾。

文化节当天，还设置了十几个摊位，同学们自己设计的介绍各国风情的海报展板齐整地排在摊位周围。摊位上有美食品尝、传统游戏、游艺互动、乐器体验、传统服饰留影等等，节目丰富。每个展台的负责同学都结合主题精心设计了体验和参与活动。学生会干部动员更多的同学来协助每个展位，也有同学专门负责分发奖券、制作点心、吆喝叫卖等等。整个花园熙熙攘攘，学生们尽情地体验身边的“异域文化”。有的学生家长和朋友们也来捧场，学校中外教师和职工也都热情参与。

那天，外国学生穿来了自己国家的民族服装，吹响了自己国家的民族乐器。穿着巴西国家队队服的外国学生踢起了热情奔放的桑巴足球，穿着韩服的韩国学生带了家里制作的泡菜并向在场的中国学生讲起了韩国高中生的一天，穿着和服的日本学生向在场的中国学生表演日本武道，戴着牛仔帽的美国学生向中国学生介绍美国的文化。

此外，一向深藏不露、不苟言笑的小丛丛表演了太极拳法，动作平静沉稳、轻灵圆活，如风摆杨柳，似行云流水，引来同学们的阵阵喝彩。“又发现一个人才”，廖老师默默记住了他。以后逢校外交流活动，廖老师便经常带上小丛丛表演。在中学生模拟联合国大会上，小丛丛为“各国代表”表演太极拳，令大家更深入地领略了中华民族武术文化的博大精深，也为“中国代表”的“文化外交”出了一份力。

精心设计的多元文化节超越了国别的界限，并营造出一种多元、共融、积极向上的文化氛围，收到了很好的效果。

编后语

文化节为学生搭建了一个尽情展现自我的开放性平台，在这里没有一般比赛的固定模式以及紧张的竞争、淘汰过程，形式不拘一格，同学们能在自由的氛围下自如发挥。文化节对表演者没有专业水准的要求，只要你敢于表现自己，就有观众为你喝彩。

建议43

一切以学生收获梦想实现的快乐为重

班前思考

学生愿意表现自己，希望引起老师和同学的赞赏，这种心理需求对调皮、学习成绩不好的学生来说同样很强烈。他们因为长期得不到表现机会，经常受到冷遇越加自卑、消沉，甚至自暴自弃。老师可以通过组织活动，充分调动学生积极性和主动性，让他们淋漓尽致地发挥自己的才能，从中看到自己的长处和优势，感到成功的快乐，重新树立自信。

方法/技巧

每年的12月，学校里一片欢歌快舞，只要喜欢唱歌跳舞的同学，都可以报名参加歌舞嘉年华。这项旨在“秀出你的个性，玩转你的舞台”的歌舞盛典的最大魅力，就在于无论你是否擅长歌舞，只要你愿意在大家面前表演，你都有机会走上舞台。即使你唱得不够好，也会有人为你欢呼、为你鼓掌，让你收获梦想实现的快乐。学生通过这样的活动，极大地找到了自己的自信，很多学生借助这项活动，弥补了自己在学习等其他方面的缺失。

燕彦，原是一个学习落后、思想颓废、从不认真做任何事情的学生，在歌舞嘉年华中，他编导了一段街舞，和另外两个同学一起表演，获得了舞蹈类节目的大奖。从那以后，舞蹈成了他的骄傲，老师们也对他有了新的认识，从而也找到了教育他、引导他的突破口，这个孩子现在已经有了极大的转变。

歌舞嘉年华让同学们收获的，远不是一场歌舞那么简单，而是展示了青春的活力、朝气，给予孩子们追逐梦想的勇气。

一位同学这样描绘歌舞嘉年华给自己带来的心灵上的震撼：

那是我第一次看学校的歌舞嘉年华决赛。5年过去，我忘记了倒背如流的唐诗，忘记了默写过千百遍的化学方程式，脑子里始终清晰地印着发生在礼堂的场景。

全校各个年级、各个班的学生，黑压压一片，坐满了学校的大礼堂。尤其是高中部的同学，在这个学生们一年中最期待的活动里很疯狂。很多人举着选手的参赛海报，还有横幅，放眼望去满场都是。比赛还没开始，我的心已经狂跳不止了。场上的气氛真的火爆到了极点。让我印象最深刻的是有一个女生充满爆发力地唱着Christina的《Fighter》，还领着一群人又跳街舞又玩街球的，当时我的脑海里就只剩惊叹了。还有一个男生是自弹自唱，台下从始至终尖叫声不绝于耳，而且满场属他的海报最多（至今我家还保留着一张他的海报）。这两个人后来分别获得了最受欢迎男女歌手奖。而我们班的两个男生是仅有的两个进入决赛的初一同学，虽然水平还有一段距离，但能杀出重围也实属不易了。学校的一支乐队作为比赛的演出嘉宾，呈现了一首人尽皆知的经典摇滚歌曲—— Guns and Roses的《Don't Cry》，尽管那时候的我还未曾听过，但我已被它深深吸引。

那一天，我眼前的灯光无比闪耀，我耳边的狂欢异常响亮。

我用敬仰的眼神望着台上那些或唱或跳或演奏着乐器的哥哥姐姐，觉得他们全都像大明星，大英雄，散发着梦幻的光芒。

我望着那个舞台，觉得它好像就是整个世界。

当这位学生看完比赛意犹未尽地走在人群里，这位平时不够自信、走路总爱低着头，总觉得自己既没有出众的才华也没有美丽外表的女生，走向了自己绮丽的青春旅途。后来，她也勇敢地报名参加歌舞嘉年华，不在乎名次，只在意那一刻自己就是舞台上的明星，绽放着最璀璨的光彩。

编后语

歌舞嘉年华星光熠熠，从这里走出一个又一个校园明星，他们的歌舞天赋得到淋漓尽致地展现，在这个舞台上唱响了自己的名字，像在成熟的稻田中看到了自己的充实。

建议44
给学生最大的锻炼空间

班前思考

我们今天所教的很多知识，似乎与现实没什么关系。学生会经常这样问：我为什么必须知道这些？我学这些东西有用吗？老师愿意相信，它会在某天用得上，因为老师经历过，所以知道这些知识对于学生的未来将产生影响。但我们的学生没有我们的人生经历，因此，我们必须想办法让所教的内容与他们今天的生活发生联系。

方法/技巧

12月17日下午，“唐声宋韵”朗诵比赛的大幕徐徐拉开。精彩节目目不暇接。朗诵大赛给了大家难得的精神享受，不仅欣赏诗词之美，更能从这种美中隐约触及古人滚烫的灵魂，在心中与他们产生情感的共鸣。

“长相思，在长安。络纬秋啼金井阑，微霜凄凄簟色寒。孤灯不明思欲绝，卷帷望月空长叹。美人如花隔云端。”高二（2）班几位峨冠长袍的男生吟咏着李白的《长相思》，幽幽叹息中透着怀才不遇的压抑；绾着高高的宫髻，穿着薄纱襦裙的女生拨弄着古筝，冷冷清清的琴声更增添了几分愁绪。一首《长相思》终了，古筝声变金石裂，气势滔滔，朗诵者高冠散发，左手把酒，右手舞剑，一首《将进酒》尽显诗仙的癫狂风骨。

诗词燃起同学们澎湃的激情。高二（4）班同学选择3首宋词：辛弃疾“此生谁断，心在天山，身老沧州”，道尽无尽辛酸；易安居士一介女流，骨子里却是对国家虔诚坚定深沉的爱，“点滴霖霪，点滴霖霪，愁损北人，不惯起来听”；稼轩苦笑，“却将万字平戎策，换得东家种树书”，然而爱国之情始终如一，“男儿到死心如铁，看试手，补天裂”。

“今夜有明月，今夜有人醉……”伴着旁白，高二（8）班的表演开始了。“青天有月来几时，我今停杯一问之。”“人攀明月不可得，月行却与人相随。”灯光打在女生的白色长裙上，仿佛月光的辉耀，一片明朗安宁，意境悠远，观众们静静欣赏，不觉沉醉其中。一句“唯愿当歌对酒时，月光常照金樽里。”引出第二组的表演，只见两位俊朗少年放下酒杯，手拿折扇来到台前，“断虹霁雨，净秋空，山染修眉新绿”。配合朗朗男声，幻灯片上乌云散尽，月之将出，“桂影扶疏，谁便道，今夕清辉不足”。这一反问，月光顿时倾泻而下，最后少年将折扇一打，念道："老子平生，江南江北，最爱临风曲。孙郎微笑，坐来声喷霜竹。"最后的第三组是演绎经典的《水调歌头》，全组人员一起朗诵"但愿人长久，千里共婵娟"，在美好的气氛中结束了精彩的演出，台下掌声经久不息。后来评委老师评价，从朗诵到服装，都十分雅致优美，很好地表现了"唐声宋韵"，高二（8）班在这次活动中获得了一等奖。

同学们沉浸在诗词的美妙意境中，与古代的名家巨匠相逢共鸣，或吟咏歌唱，或翩翩起舞，或豪放激昂，或婉约哀怨；一声声，唱尽了荡气回肠的千古名篇；一段段，融注了肝肠寸断的无限深情。同学们以各种艺术形式，把唐诗宋词的风采神韵表现得淋漓尽致。

朗诵会使很多同学对人生有了更深的感悟。

这次活动确实意义深远。因为诗词这样美，一笔一划尽是清雅风骨。唐诗为面，灿烂繁华；宋词为骨，清峻高旷。白衣卿相手握折扇，潇洒肆意间轻轻一挥就又是一个盛世华年。那种花间对酒、月下独酌、临风照影、湖面泛舟的惬意我们现在是否还有？埋首于大摞大摞的课本参考书之间，可曾留意到身边那些细微但美好的诗意？细雨湿流光的清新，风暖鸟声碎的慵懒，残柳参差舞的凄凉……这些有多久没有注意过了？记不记得最后一次安静地望月是什么时候？还记不记得曾经捧着书坐在午后温暖的阳光下，在金色的流转中翻过一页页泛黄的书页？

生活本就如诗般优雅。不过这种优雅需要用心来学习，用心去品读。

爱上诗词，是因为它在不经意间的优雅，宛若衣袂飞扬的女子，长袖舞动间若隐若现的轻颦浅笑最是动人心魄；爱上诗词，是因为它荡气回肠的豪情，仿佛长剑霎时出鞘，一剑光寒十四州；爱上诗词，是因为它谆谆的劝导，要如松般正直，梅般高洁……

所以你会渐渐安静，渐渐放得开很多以前的任性，沉静下来。这样，就是成长了。

所以要感谢这次活动，因为它让明月的清光仿佛又一次遍洒了我的书页。

编后语

每年一度的诗歌朗诵会，不仅是对学生组织策划能力、合作能力的培养，最重要的是陶冶情操。对于所有参与的同学来说，无疑是一次提高文学素养，体验美、感受美、欣赏美的艺术享受；诗歌朗诵也体现了学生们较高的人文素养和充满朝气的精神面貌，让同学从紧张的学习中暂时走出片刻，安静地聆听远古诗人用心灵奏出的篇章。

建议45

热情支持学生的奇妙创意

班前思考

对于中学生，学习的困惑、交往的烦恼、青春期的躁动就是他们每天生活所要面对的，但高强度的学习生活使同学间缺乏真正的交流，而真诚的交流是年轻人共同的愿望。

通过一个特殊的日子，让每个人整理自己的思绪，公开发表自己的看法，倾听不同的声音，满足渴望被理解被关注的情感需求，并让学生感到大家都是一样的，每个人都在成长，都在为成长的烦恼进行心灵的抗争，这是节日赋予每个人最美好的礼物。

这时候，每个人都表达自己内心真实感受，这样的氛围，让学生得到最大的放松和成长。

方法/技巧

秋天等不及了，悄悄间，一阵风吹黄了叶子，凋了，落了。

冬天等不及了，一夜间，一场雪湮没了暖色，白了，灰了。

童年等不及了，转眼间，一扇门拦住了幼稚，走了，没了。

青春等不及了，刹那间，一篇誓言表达了决心，大了，懂了。

这是高三芳芳同学《写在18岁》一文中的开篇语。18岁，是一个人成年的标志，意味着一个人将承担起一个公民的社会责任。

期中考试刚结束，年级学生会的干部们在一起提出要搞一个成人仪式，集体过18岁生日。王老师非常支持。

王老师必须要从学生高三阶段的特殊情况出发考虑问题，学生们热情高涨，自己策划这样一个大型活动一定会花费许多时间和精力，于是提议，为了节约时间，大家一起先把活动的内容策划好，然后分成几部分，责任到人，定期合龙。学生们表示同意。于是紧锣密鼓地行动起来了。学生在讨论宣誓词的时候，认为以前的誓词过于程式化缺乏感染力，于是王老师同意他们自己写宣誓词，第一稿拿来，王老师感到虽然很有文采，但情感有些虚浮，告诉他们，这是你们成人仪式的誓词，一定要把握突出如何做人做事，如何承担社会和家庭的责任。

王老师又找到校长，“校长，学生们要自己策划、自己主持这次活动，他们希望您能参加，给他们讲话，而且……学生还要求您准备一张18岁时的照片”。

校长最后想办法找到了一张年轻时的照片，翻拍后交给了学生。

心里直嘀咕学生们要做什么?

第二天，学校礼堂，舞台上方已挂好醒目的横幅——“高三年级学生成人仪式”，后面入口处用绿色的松枝装点着门楣，上面是三个红色的大字“成人门”。

下午四点，年级全体500多名学生身穿礼服，来到礼堂。进会场之前，每个学生要走过装饰过门楣的“成人门”，依次落座后，他们抑制不住心中的兴奋和好奇，有说有笑，充满了期待。

校长来了，德育处的主任来了，王老师特意穿了一件金色的唐装，胸前还别了一朵紫色的鲜花，会场后面还来了许多学生家长，他们为自己的孩子能在学校这样度过人生的18岁感到骄傲。这是一个隆重的生日庆典，也将成为人生中一个难忘的时刻，无论对学生，还是对老师，对家长。

等大家都走进会场坐好，突然，会场的灯光熄灭了，喧闹的会场瞬间一片寂静，这时，一声响亮的婴儿啼哭打破了寂静，大屏幕上出现了一个刚刚出生的婴儿照片。接着，屏幕上的娃娃会爬了，他在蹒跚学步，能骑小三轮车了，背着书包上学了。然后，戴红领巾的少年变成了身穿校服的青年。“林依晨！”同学们欢叫着。

接下来，展示了他们儿时的各种玩具，布娃娃、变形金刚、汽车模型、拼插积木……一下打开了许多学生封存的记忆，每一个画面都会引出台下的一阵欢呼，一片欢笑，会场里响起热烈的喧哗……

一会儿，随着主持人一声“同学们，猜一猜这个漂亮的女孩是谁？”屏幕切换出一张照片，上面是一张年轻美丽的面庞。这时，底下响起一片叽叽喳喳的猜测声，不知从哪儿传出一声“校长！”

接着便是热烈的应和，“校长18一枝花……”

在学生的惊叹中，接下去，是年级里许多老师18岁时的照片展示，每一张照片都能引出一阵轰动，而每幅18岁的照片之后老师们的近照，又引出了满场的欢呼和掌声。学生们看到老师昔日青春美丽的容颜，会真切地体会出什么叫“生命匆匆，年华似水”，他们也会更加珍惜自己的青春年华；看到老师们今日眼角的皱纹，面容的沧桑，他们会更深地理解什么叫“耕耘和奉献”。

接着，年级各班班主任走上舞台，每人在屏幕上展示一张18岁的照片和一张近期在办公室的工作照片，每人向学生们讲一句话，又激起一阵又一阵的热烈掌声。

正当高潮迭起时，学生座位中突然举起了一条大横幅——祖国、荣誉、责任、健康、诚信、崇德、博学、创新、求实、自信。只听到校长大声说，我也给你们带礼物来啦。原来这是校长连夜为这次活动秘密赶制的。同学们激动得欢呼雀跃。

学生代表小洁充满激情地说：

从今天起，我将成为一个大人了。18岁是一个驿站，但我们只能稍事停留，因为我们要做的事很多，我们要整理好自己的行囊，站在18岁起跑线上继续更具挑战的新一段人生之路。……

18年的成长，请带上一颗感恩的心，感谢给了我们生命的父母，感谢给了我们知识的老师，感谢给了我们友情的同学，感谢我们18岁生命中的一切……

仪式结束后，当老师们把这次活动的录像剪辑之后在家长会上播出时，家长们大加赞赏。甚至有些家长把录像复制回去，放给他们的员工看。

从那以后，学校每年都会为高三年级举办“成人仪式”。而此活动也是同学们施展各自才能的大好时机。他们都愿意用自己的行动去证明自己的成长，用自己的语言去阐述自己的理想。同学们一同在国旗下庄严地宣誓：

从今天起，十八岁，做一个大人，肩负起成年的责任。用信心对自己负责，用诚心对他人负责，用爱心对家庭负责，用热心对社会负责，用赤心对国家负责。要勇敢，不要鲁莽；要理智，不要冷漠；要谦和，要宽容，要坚强，要诚信。珍惜生命，珍惜情谊，坦荡处世，真善待人。做一个大人，十八岁，从今天起！

响亮而充满激情的声音回荡在学校的上空，更回荡在每个同学的心上。

编后语

老师，在同学们心目中，具有一定的神秘感，学生们有着强烈的探究欲望。所以，老师成为活动的“引子”，带头敞开心扉，把人生思考传达给学生，既缓解了活动的紧张压抑气氛，又使活动主题得到升华。学生们真切感受到欣慰和被关注，很多人的情绪从观望、沉闷到放松，再到踊跃地参与，直至激情过后的温馨回味，活动取得了意想不到的成功。

建议46

爱能创造生命奇迹

班前思考

当同学们理解了爱的内涵，真正懂得了幸福的含义，他们清澈深邃的目光不仅投向同学、身边的亲人，也投向社会，用善良的关爱他人之心帮助他人，用爱心创造希望，守望生命的奇迹。

方法/技巧

小狄，一个活泼开朗的少女，却得了一种怪病，无缘无故地向外喷血，医生诊断这是一种极为罕见的疾病——门脉高压，她的生命危在旦夕。

通过媒体得知这个消息，高一（1）班的同学们，自发地组织捐款活动。

冬日的一天，天气严寒，北风凛冽。高中楼前却是一派温暖的场面：几个穿着薄薄校服的学生，抱着红色的捐款箱，号召大家为病危少女捐款。恳切的眼神，执着的请求，深深打动了路过的师生，大家纷纷慷慨解囊。寒风中，同学们的头发被吹得有些凌乱，脸也冻得通红，但他们的眼睛里却流露出极大的兴奋和快乐，能够全身心去救助一位同龄人，守护她的生命，这是莫大的幸福。

三天时间，同学们一共筹集到善款1万多元，这个数字远远超出了大家的预想。

班主任燕老师带着两个学生代表把这笔救命钱交到了小狄妈妈手中。

燕老师在班主任工作日志中这样写道：

遭受了一系列的打击，小狄的母亲看上去已显得十分疲惫。一看到我们，她的眼圈就红了，一时间什么话也说不出来。孩子们十分善解人意，马上迎上去，轻轻搂住她的肩膀。经纬带着一个鼓励的微笑对她说：'小狄妈妈，您别太难过，我们全校的老师同学都会帮您，你们一定能渡过难关，小狄一定能康复的。'打开我们全班同学给小狄写的卡片，看着孩子们深沉的祝福，这位在生病的女儿面前一直非常坚强的母亲再也忍不住了，两行热泪夺眶而出，维嘉轻轻走上前，很懂事地为小狄妈妈抹去了泪水。我相信孩子们一颗颗纯洁的爱心一定能给这位母亲带来力量和感动。

后来，小狄成功地接受了手术，渐渐康复，从此翻开了她人生崭新的一页。

编后语

教会学生用心爱这个世界，学会忧他人之忧，通过帮助他人让自己获得幸福快乐。一个个关于爱的故事在校园不断涌现，同学们期待爱心传递能够创造生命的奇迹，期待着通过大家爱的力量让阴霾散去，盼来阳光普照。

建议47
拉起更多人的手

班前思考

组织志愿者积极走向社会，去弱智儿童学校、孤儿院、敬老院等地方，组织开展以“爱护动物，保护环境，珍爱生命”为主题的科普知识宣传活动，“小小饲养员的一天”实践活动，“物种灭绝与生物多样性锐减”主体演讲活动及阻止游人投喂食物监督岗活动等多种形式的活动，尽学生所能，播撒志愿精神，让世界充满爱。

方法/技巧

初二（5）班的“临终关怀活动”，就是志愿者播撒的点点志愿精神。

当志愿者们怀着忐忑的心情第一次走进松堂医院时，没有闻到扑面而来的消毒水味，也没有听到连绵不断的呻吟声，而是看到大厅里20余位老人围成圆圈正在传球，还有几位在晒太阳，大家被这温馨的画面感染了，从这些老人身上大家感受到生命的美丽与尊严。每次活动开始，志愿者们都会在大厅与老人传球，老人们都像孩子一样伸出手焦急地等待彩球抛来。这看似简单的游戏可以大大提高老人们行动和思维的灵活性，预防老人痴呆症。

发起人马林这样记叙她服务于松堂关怀医院的感受：

为了让老人们快乐、欣喜，我们尤其用心聆听老人们的教诲，为他们表演歌唱、舞蹈、健美操等丰富多彩的节目，在他们思念亲人的时候做他们的孙子孙女，给老人们创造欢乐、和美的氛围。对于那些不能表达的老人们，我们会久久地握着他们的手，用这样简单的动作传达出我们对他们的关心和敬爱，让老人们感到生活的价值，看到社会的美好希望。

一年之中，临终关怀的团队从起初的十余位同学渐渐扩大到四十余人。“临终关怀”也在志愿团的组织下扩大为全校性的志愿活动，并建立了自己的“爱心小屋”，爱与责任随之在更多的同学间传递。

一位志愿者谈到自己的感想时说：

从老人的皱纹里，感受到了生命的流逝，时间的无情；从老人的笑脸上，我感受到了爱的力量。在付出爱的同时，也对爱有了新的认识，对生命有了新的体会。绝不虚度生命中的每一秒钟，这就是我到临终关怀医院后最大的感想。

临终关怀活动让更多的同学开始深刻地意识到自己肩上承担的

社会责任。

编后语

无论何时何地，每个志愿者的脸上都洋溢着灿烂的微笑，那笑容所承载的，不仅是纯真的心愿，快乐的回忆，今天的友情，还有明日渴望达到的梦想。想与他们一起不断向前，想以朋友的身份更多地帮助他们，想“撒播爱心，传递希望”，这成为每一个志愿团学生努力的方向。把更多的爱与快乐给更多的人，成为学生今后人生道路上的一条信念。

建议48
与家长友好互动

班前思考

家庭是学生的第一个课堂，家长是学生的第一任教师，家庭教育在学生的成长中起着至关重要的作用。家长的教育理念、教育方法直接关系着学校教育的效果。在新形势下，家庭教育的水平更是直接关系到青少年思想发展的水平。因此，学校应高度重视家庭教育对学生成长的决定作用，把学校教育与家庭教育同步联手，共同营造学生健康成长的教育环境。

方法/技巧

“成长心连心”是近几年学校引进的借用社会爱心团队，由爱心志愿者、家长、老师、学生共同参与的爱心教育活动。主要是通过团队力量、素质培养、国际未来竞争能力培养等方面的训练，让大家在活动中体验、学习人与人之间良好的沟通、信任、支持和欣赏，从而为广大同学创造一个更有效、更好的发展环境。

大家印象深刻的是在学校体育馆举行的那次“成长心连心”活动。由于室内没有空调设施，活动人多，活动举办者特地准备了十多块冰砖和风扇进行降温。

参加活动的数百人是初二至高二的同学和家长及老师。活动从早上开始到下午结束，一步一步推向高潮。首先通过让学生跟父母、老师配合，在一系列的活动中进行团队协作，以拉近三者之间的距离。其中一项活动是老师站在场地中间，四周的学生和家长纷纷走上来在老师的手腕上系上五彩丝带，以这种朴素的行为表达对老师的感激之情。随后，学生和家长、老师们席地而坐，相互倾述自己人生旅途中最高兴或最失意的事。大家平时忙于学习和工作，很少有时间走近对方的心灵，此时此刻，分享着对方的快乐和痛苦，彼此的感情更加深厚。

刘娜同学感动地说：这次特殊的活动使我们提高了自信，激发了我们的个人潜力，明白积极进取的重要性及懂得为自己定立目标，学会了感激，懂得了爱。

刘娜妈妈的话代表了很多家长的心声：

孩子们真的长大了，步入了青春期。但长大了，步入了青春期后会碰上很多问题，很多孩子不愿再和爸爸妈妈说心里话了。其实我想跟孩子们说的一点是：爸爸妈妈永远是你们的好朋友。你们的爸爸妈妈也是从青春岁月走过来的，你们在成长的过程中碰到的问题、体会的成功等等，我们都是经历过的。我们能理解你们碰到的种种问题。你们还是要把父母当成最好的朋友，父母是永远爱你们的，希望你们少走弯路。再一点，你们的父母也是第一次为人父母，所以也是跟着你们一起来成长，你们也要反过来帮助你们的父母，帮助他们成为更好的父母。有一句话希望你们真的记住，父母永远是你们最好的朋友，希望能跟你们一起走过一个没有弯路的青春岁月！

陈海洋同学走到吴老师面前深深鞠躬，表达了对老师的感激之情：

每当大家的英语卷子发下来时，首先映入眼帘的是吴老师红色的批语，这批语有长有短、各不相同，还有鼓励和建议。这批语中一定是饱含着老师深深的期望的。同学们，当我们收到红色批语的时候，切不可一掠而过，因为当你将它们拼接在一起，便会看到一颗对你充满希望的心。

一位老师深有体会地说：

这次活动十分有意义，可以使我深刻地体验到了为人师表的喜悦，并体验到了如何与学生建立一个亦师亦友的关系，同时也学习到了用更有效的方法与学生沟通，令上课更有乐趣。

在每一次“成长心连心”活动中，所有参加者都全身心投入到活动的整个过程，用心去体会自己和身边的人。不论参加者平日的身份是学生、老师或家长，都可以暂时放下。没有身份、年龄的界限，而让每个人都回归到最本真的人与人之间的关系中，愉快地享受一天美好的时光。活动中，同学们学会了沟通的技巧，体验到在团队中的快乐，感悟到爱的真谛，体会到家庭的温暖，家长的关爱，并表达了他们对父母老师的感激之情。

“成长心连心”对学生的影响是深远的。当他们踏上社会时，还想着把这份爱和活动中获得的经验与更多人分享。几位已经毕业两年的学生作为义工，成功地在支教学校举办了一次“成长心连心”活动,他们践行了两年前的承诺。在活动现场，他们和学校的师生、家长共300多人集体合作，完成了一幅以环保为主题的大拼图，由于大家齐心协力，这项极具挑战性的任务总共只用了四十多分钟。他们还准备了十几米的白布，动员学生们写下了每个人的心声，抒发对父母、对老师的感激、理解之情。

一位参加这次活动的家长写道：

看到孩子、父母、老师们脸上洋溢的真诚笑容，看到孩子和父母们轻轻相拥，老师和家长双手相握，感受到每个人都怀着一颗感恩的心，我都会莫名的激动不已。真心希望天下所有的父母能和孩子从心开始沟通，孩子们都能理解、信任父母和老师，用我们的爱感染身边更多的人……

“成长心连心”不但使学生、家长、老师体验到全面的教育发展，也激发了学生的内在潜力，同时也可以创造融洽和谐的家校关系。

编后语

苏联教育家苏霍姆林斯基说：“生活向学校提出的任务变得如此复杂，以致如果没有整个社会，首先是家庭的高度的教育素养，那么不管教育付出多大的努力，都收不到完满的效果。”

建议49

对家长，要真宽容

班前思考

有些家长对学校、教师处理问题存有偏见。事实上，有的确实是教师怀有个人情绪处理问题不当，但也有的家长本身对教育心存偏激的观点，认为孩子没学好，学校和老师要负全责。无论怎样，老师要学会容忍，学会宽容，学会真诚地沟通交流，最关键是让家长自然地认同你的教育观点，各方形成合力，才能共同完成教育任务。

方法/技巧

彬彬在伍老师班里显得是那样的与众不同，不仅因为他学习差，而且脸黑黑的头发乱糟糟的，身上的衣服经常不合身或者脏兮兮的。

这个班的家长不是在政府工作，就是研究院的，或者大学的，反正像彬彬父母这样挣微薄工资的“小人物”仅此一家。也许认为他低人一等，同学们都不拿他当回事儿，发生冲突，大小事都怪在他身上。

伍老师刚接手这个班，就特别注意他。有几天，发现他总是愁容满面，经常发呆。伍老师利用让他帮助抱作业本的机会叫他到办公室，“怎么啦？”可彬彬看着自己的脚尖不说话，伍老师轻轻地摸了摸他的头，这时彬彬大颗大颗的眼泪掉了下来。伍老师立刻板起脸严厉地说：“连实情都不敢说出来，眼泪救得了你吗？今儿不说实话别回去上课。”故意不理他，批改着作业。约5分钟后，他见老师我没让他回去上课的意思，紧张地看着。伍老师转过身，温和地问起原委。一听他诉说，老师拍案而起：“四年级孩子竟然这么干，这还了得！”安慰了他几句，叫他回去上课。随后，伍老师把当事人小雨叫到办公室，经过斗智斗勇和苦口婆心的教育，在几个证人面前，诡辩机灵的小雨终于承认逼迫彬彬从家里拿钱给他的事，并把今天刚得到的“赃款”悉数上交。感到事态严重，伍老师当即决定请小雨的家长到学校解决问题。

小雨父母如约下班后赶到学校。经过寒暄知道他们都在大学工作，伍老师心中暗喜：同行啊，解决问题容易多了。遂把事情和盘托出，家长“腾”地一下站起来了，伍老师赶忙劝阻，害怕家长不冷静伤到孩子。可没想到，小雨父亲竟然恼怒地问：“伍老师，您是新接班的吧，恐怕对很多情况了解不多，今天的事我们还要再问问小雨。”说完拉着孩子走了。

伍老师既尴尬又气愤地呆在那儿。第二天，小雨父母来了，小雨拒不承认自己曾经那样做过，家长还提供了有利的理由："我们平时不缺他钱花，他有必要这样做吗？再说从小我们就教育他不乱花钱，上次因为这个，您之前的班主任还表扬他了呢。"伍老师说："您们忘了，他在成长，什么坏的影响都有可能发生……"伍老师继续和他们谈论着，甚至是争论着，好让他们意识到自己孩子的问题是很严重的，也想这对糊涂家长擦亮他们看待自己孩子的眼睛。最后，摆出了人证、物证，他们终于无言了。正准备见好就收，谁知他母亲又来了一句："现在的孩子可不比从前老老实实，说不定我儿子是被人合伙陷害的。"没办法，伍老师只好把班里大部分同学找来，好让家长了解真实情况。没想到对我的良苦用心，家长误会更深了，认为是有意针对他们孩子，大家不欢而散，事情就这么不了了之。

过了一阵子，校长突然"传唤"伍老师。一进校长办公室，桌上放着一封信。有人告状了，不用问准是小雨的父母。那段时间伍老师的情绪很不好，心里装满了疑问和伤感。校长让伍老师的师父找他谈话，伍老师也不住地反思自己的教育行为，认识到家长不接受他的意见，是因为他没有表现出教育孩子的真诚，而仅仅像检察院公布"罪行"一样，通知他们的孩子所犯错误。

为了正视自己的问题，消除隔阂，伍老师利用休息时间，以家访的形式去了小雨家。当家长打开门时，惊讶和尴尬的气氛在伍老师真诚的问候和关切的微笑中很快消散了。伍老师实事求是地向他们表扬了小雨的进步，又询问小雨学习上有什么需要帮助的地方。家长没想到伍老师此行的目的在此，刚开始紧绷着的弦彻底放松了，一个劲地斟茶拿水果，见小雨妈妈想说什么又难以启齿的样子，伍老师赶忙接过话发自内心地说："子不教，父之过；教不严，师之惰。看来教育孩子是我们共同的责任，孩子犯了错，我这个老师也脱不了干系呀！"那天，伍老师和家长就孩子的教育问题聊了很长时间，双方都会心地笑了。

编后语

在教育实践中，家长的信任源于教师的努力。再"混账"的家长都盼着自己的孩子能健康成长，都不会与真心帮助孩子成长的老师对着干。因此，只要教师把握真诚、宽容的准则，把教育工作做到位，让学生一天天在进步，就一定能得到家长的理解、信任和最有力的支持，无论遇到多么棘手的问题、多大的困难，总能找到顺利解决问题的办法。

建议50

让家校合作成为新的教育资源

班前思考

家庭、学校与社会只有共同创造学生参与的环境，才能形成一个新的教育资源，解决学生的燃眉之急。实践作为一种可行的方式，必会成为家庭教育、学校教育、社会教育关心的焦点，成为沟通三者的润滑剂。

要想班级工作顺利成功，就一定要赢得家长的支持、理解、配合。现在每个家庭对于学生的教育都是极其关注的，不仅关注学生的成绩，也关注他们的身心发展。

孩子上学以后，每天大部分时间在学校，和父母在一起的时间比较少，家长很想了解孩子在学校都做了什么，学校老师又为孩子做了些什么。

方法/技巧

为了赢得家长的信任，张老师在新生报到的第一天就发了一封家长信，期待与家长相互沟通、相互支持，一封家长信温暖了很多家长的心。此后，张老师几乎每月一封家长信，向家长汇报孩子在学校各方面的表现，同时也将自己的教育方法和理念传达给家长。

看到孩子一天天进步，听孩子兴高采烈地讲班里的每一件事，体会到老师对孩子们的爱和关注，家长们坐不住了，他们特别想参与到学校教育中来，特别想和老师一起为孩子做点什么，于是，在一次家长会后，他们成立了初二（6）班“家长委员会”。

家长们不仅在“家长委员会”自己的网络平台上交流教育孩子的心得体会，还主动帮助张老师策划、组织主题教育活动。针对孩子们学习压力大、和父母的沟通有障碍的烦恼，家长委员会策划了主题班会“我们同在一个家”，主要目的是让孩子们感受快乐、受到鼓舞和激励。

这次活动让张老师深受感动。家长委员会的成员早上8点钟就来到学校布置会场，总指挥分配好哪个环节由谁来负责，谁是计分的，谁是发奖品的，热情非常高，每位家长都把做好这件事当做是自己的责任。因为家长和同学事先都没有任何准备，所以每个环节都是临时指挥，但是在家长、同学的密切配合下，班会开得非常成功。当张老师乐滋滋地回家，挨个给家长们发短信表示感谢时，没想到家长回信说：家长委员会做的工作不足挂齿，您今天中午都没有吃饭，您才是最辛苦的。

编后语

教育家雅斯贝尔斯认为：“教育是人的灵魂的教育，而非理智、知识和认识的堆集。”光教给孩子知识，只重视孩子的文化学习，这不是完全的教育。完全的教育，是把孩子作为一个完整的人来培养的。作为一个人，孩子不仅需要知识，他更需要灵魂。他还有情感、意志、信仰、交往、行为规范等方面需要培养和发展。因此孩子的成长从教育之初到成长为社会的栋梁之材这两点之间，最短路线就是两点之间的线段，而形成这条线段的力就是社会、家庭、学校的合力，只有三者合力在一条线上，才能让孩子少走弯路，顺利通向成功之路，使我们的学生成长为社会所需要的全面发展的人才。

“常青藤”书系—中青文教师用书总目录

	书名	书号	定价
	特别推荐——从优秀到卓越系列		
★	从优秀教师到卓越教师：极具影响力的日常教学策略（入选浙江省教师节用书）	9787515312378	33.80
★	从优秀教学到卓越教学：让学生专注学习的最实用教学指南	9787515324227	32.00
★	从优秀学校到卓越学校：他们的校长在哪些方面做得更好	9787515325637	33.80
★	卓越课堂管理	9787515331362	68.00
	名师新经典/教育名著		
★	如何成为高效能教师（美国最畅销教师用书，销量超过350万册，最专业、最权威、最系统的教师培训第一书）	9787515301747	68.00
★	给教师的101条建议（增订图文版）(《中国教育报》“2009年最佳图书”奖）	9787500673842	27.80
★	改善学生课堂表现的50个方法：小技巧获得大改变（入选《中国教育报》2010年和2011年“影响教师的100本书”）	9787500693536	23.80
★	优秀教师一定要知道的17件事（美国当前最有影响教育畅销书作者全新力作）	9787500671961	23.00
	美国中小学世界历史读本 / 世界地理读本 / 艺术史读本	9787515317397等	106.00
	美国语文读本1–6	9787515314624等	252.70
	和优秀教师一起读苏霍姆林斯基 / 卢梭 / 福禄培尔 / 蒙台梭利 / 杜威 / 马卡连柯	9787500698401等	150.00
★	怎么做孩子会爱上学习（入选“21世纪中国教师必读的百种好书”，《中国教育报》“2010年影响教师的100本书”）	9787500685968	22.00
	教师成长/专业素养		
★	T. E. T. 教师效能训练：一个已被证明能让所有年龄学生做到最好的培训项目（30周年纪念版）	9787515332284	39.00
	教学需要打破常规：全世界最受欢迎的创意教学法	9787515331591	33.00
	高效能教师如何带领学生取得优异成绩	9787515328980	39.00
★	10天卓越教师自我培训（教育家安奈特·布鲁肖顶尖卓越教师培训教材）	9787515329925	29.00
	给幼儿教师的100个创意：幼儿园班级设计与管理	9787515330310	29.00
	给幼儿教师的100个创意：为幼升小做准备	9787515329130	29.90
	给小学教师的100个创意：发展思维能力	9787515327402	29.00
	给中学教师的100个创意：如何激发学生的天赋和特长 / 杰出的教学 / 快速改善学生课堂表现	9787515330723等	87.90
	以学生为中心的翻转教学11法	9787515328386	29.00
	如何使教师保持职业激情	9787515305868	29.00
★	如何培训高效能教师：来自全美权威教师培训项目的建议	9787515324685	32.00
★	良好教学效果的12试金石：每天都需要专注的事情清单	9787515326283	29.90
★	让每个学生主动参与学习的37个技巧	9787515320526	28.00
	10分钟教师培训：卓越教师的40个快速训练法	9787515320519	32.00
	高效能教师的时间管理法	9787515321073	35.00

书名	书号	定价
★ 凭什么让学生服你（增订版）	9787500675204	26.00
高效能教师备课完全指南：英国最权威的备课指导用书	9787515312361	23.80
师范学院学不到的：应对学校一切的锦囊妙计	9787500679455	28.00
提高学生学习效率的9种教学方法	9787515310954	27.80
优秀教师是这样炼成的：用心教育	9787500672555	23.80
★ 教师一定要思考的四个问题：今天，我们怎样做教师（增订版）	9787500668565	27.90
下课后来找我：资深教师给同行的建议	9787515307114	28.00
★ 教师应该做到的和能够做到的（白金版）（美国中小学教师指定培训教材）	9787500669401	33.00
给年轻教师的信：真希望我年轻时就懂的道理	9787500696834	23.00
★ 优秀教师的课堂艺术：唤醒快乐积极的教学技能手册	9787500654001	26.00
★ 教师职业的9个角色（白金版）（美国国家教育学会教师教育委员会、哥伦比亚大学教育学院推荐书目）	9787500681014	23.80
如何成为优秀教师：英美教师职业成长“圣经”	9787500672920	26.00
★ 万人迷老师养成宝典（珍藏版）（入选《中国教育报》“2010年影响教师的100本书”）	9787500689300	23.00
高效能教师的9个习惯	9787500699316	23.00
★ 好老师可以避免的20个课堂错误（白金版）（入选《中国教育报》“2010年影响教师的100本书”）	9787500688785	21.50
幸福教养:让孩子受用一生的7个幸福习惯	9787515301259	28.00
教师、学生和家长焦点难题解决方案（升级版）（入选《中国教育报》“2011年影响教师的100本书”）	9787500672906	35.60
好老师说服难缠家长的16堂课（入选《中国教育报》“2010年影响教师的100本书”）	9787500688778	23.80
爱·上课：麻辣教师调教“天下第一班”的教育奇迹（李希贵、窦桂梅推荐）	9787500693383	29.00
爱·读书（李希贵、窦桂梅推荐，中国版《窗边的小豆豆》，诠释中国教师《爱的教育》）	9787500693918	25.00
课堂教学/课堂管理		
提高学生学习专注力的8个方法：打造深度学习课堂	9787515333557	35.00
改善学生学习态度的58个建议	9787515324067	25.00
★ 全脑教学：影响全球300万教师的教学指导书	9787515323169	38.00
★ 哈佛大学教育学院思维训练课	9787515325101	36.00
完美结束一堂课的35个好创意	9787515325163	28.00
如何更好地教学：优秀教师一定要知道的事（被英国教育界奉为圣经的教学用书）	9787515324609	36.00
带着目的教与学	9787515323978	28.00
★ 美国中小学生社会技能课程与活动（学前阶段/1-3年级/4-6年级/7-12年级）	9787515322537等	153.80
彻底走出教学误区：开启轻松智能课堂管理的45个方法	9787515322285	28.00
破解问题学生的行为密码：如何教好焦虑、逆反、孤僻、暴躁、早熟的学生	9787515322292	36.00
★ 在普通课堂教出尖子生的20个方法：分层教学	9787515321868	29.90
天天向上：中学教学问题解决手册	9787515321202	29.00

	书名	书号	定价
	13个教学难题解决手册	9787515320502	28.00
★	让学生爱上学习的165个课堂游戏	9787515319032	39.00
	美国学生游戏与素质训练手册：培养孩子合作、自尊、沟通、情商的103种教育游戏	9787515325156	36.00
	老师怎么说，学生才会听（白金版）	9787515312057	28.00
	快乐教学：如何让学生积极与你互动（入选《中国教育报》2010年和2011年"影响教师的100本书"）	9787500696087	29.00
★	老师怎么教，学生才会提问	9787515317410	29.00
	快速改善课堂纪律的75个方法（白金版）	9787515313665	28.00
★	教学可以很简单：高效能教师轻松教学7法	9787515314457	25.00
	88种美国中小学经典课堂教学活动	9787515314419	32.00
★	好老师应对课堂挑战的25个方法（珍藏版）(《给教师的101条建议》作者新书）	9787500699378	25.00
	快速调动学生参与的99个方法（被誉为美国调动学生参与最有价值之书）	9787515317069	31.90
★	好老师激励后进生的21个课堂技巧	9787515311838	23.80
★	开始和结束一堂课的50个好创意	9787515312071	19.80
	培养高情商学生的7堂必修课（新版）	9787500686088	28.00
	好老师因材施教的12个方法（美国著名教师伊莉莎白"好老师"三部曲）	9787500694847	22.00
★	如何打造高效能课堂（美国《学习》杂志"教师必选"奖，"激励教师组织"推荐书目）	9787500680666	29.00
	高中课堂管理-行为管理的9项策略（第二版）（被誉为美国"课堂管理圣经"）	9787500695714	29.00
	合理有据的教师评价：课堂评估衡量学生进步	9787515330815	29.00
	班主任工作/德育		
★	北京四中8班的教育奇迹	9787515321608	36.00
★	师德教育培训手册	9787515326627	29.80
	打造优秀班级的15个秘密	9787515319117	28.00
★	设计和管理最优班级实用手册	9787515317731	49.00
★	好老师征服后进生的14堂课（珍藏版）（美国著名教师伊莉莎白"好老师"三部曲）	9787500693819	25.00
★	美国最优秀教师的自白（新版）(进入地方学校、教育机构教育用书征订目录）	9787500683001	26.00
	优秀班主任的50条建议：师德教育感动读本（《中国教育报》专题推荐）	9787515305752	23.00
	来自美国最优秀教师的建议（入选《中国教育报》"2010年影响教师的100本书"）	9787500694427	25.00
★	班主任一定要面对的9个问题（新版）	9787500672937	22.00
★	是什么让教师不断进步（升级版）（入选《中国教育报》"2011年影响教师的100本书"）	9787500672401	23.80
	优秀教师一定读的60个故事（传达60种爱的教育方式）	9787500696285	25.00
	学校管理/校长领导力		
	学校管理者如何构建卓越学校	9787515330754	28.00
	从优秀学校到卓越学校：他们的校长在哪些方面做得更好	9787515325637	33.80
★	优秀校长一定要做的18件事（入选《中国教育报》"2009年影响教师的100本书"）	9787500673835	26.00

	书名	书号	定价
	构建杰出学校的7个杠杆	9787515324319	39.00
	美国获奖中小学校长的建议（新版）（美国教育界精英校长的经验分享）	9787500675211	29.90
★	如何调动和激励教师（增订版）（入选《中国教育报》2009年和2011年“影响教师的100本书”）	9787500673828	29.00
	如何应对难缠的老师	9787515306315	25.00
★	给校长的127条建议（入选《中国教育报》2010年和2011年“影响教师的100本书”）	9787500694779	23.00
	教师健康的38个细节	9787500673033	22.00
	校长时间管理的9项策略	9787500695851	23.00
	20位美国优秀校长如何创建好学校	9787500695707	23.00
	如何提升学校的内力（升级版）	9787500672159	21.80
	创新型学校：给学校管理者的9个策略（入选《中国教育报》2010年和2011年“影响教师的100本书”）	9787500693628	23.00
	学科教学/教科研		
★	人大附中高考作文取胜之道	9787515320694	33.80
★	人大附中学生这样学语文：走近经典名著	9787515328959	33.80
	语文四界	9787515326115	38.00
	让小学一年级孩子爱上阅读的40个方法	9787515307589	30.00
	让学生爱上数学的48个游戏	9787515326207	26.00
★	英美中小学都在玩儿的数学游戏：多少只袜子是一双	9787500688884	25.80
★	优秀小学语文教师一定要知道的7件事（窦桂梅畅销作品）	9787500674139	23.80
	小学语文课例研修的8个实践策略（附赠光盘）	9787515312064	33.00
	名师谈阅读教写作：真正思考语文课的终极目标问题	9787500692966	29.00
★	考拉小巫的英语学习日记：写给为梦想而奋斗的人	9787515303505	25.00
★	如何成为尖子生（新版）（事半功倍的高效学习方法，3小时成为学习高手）	9787500668596	23.00
	情商教育/心理咨询		
	中小学心理教师的10项修炼	9787515309347	36.00
★	别和青春期的孩子较劲（增订版）（入选《中国教育报》“2009年影响教师的100本书”）	9787500676232	28.00
★	100条让孩子胜出的社交规则	9787515327648	28.00
	让孩子幸福一生的30个情绪管理游戏	9787515310947	33.00
	加州大学伯克利分校的10堂幸福教养课	9787515303512	23.00
	打开生命的16封信：生命教育经典范本	9787500699408	21.50
★	毕淑敏心理咨询手记	9787500682127	25.00
	亲爱的公主：你是值的被珍惜的	9787500699514	28.00
	幼儿园/学前教育		
★	美国幼儿教育活动大百科：3-6岁儿童学习与发展指南用书·科学	9787515324265	150.00

	书名	书号	定价
★	美国幼儿教育活动大百科：3–6岁儿童学习与发展指南用书·艺术	9787515324289	150.00
★	美国幼儿教育活动大百科：3–6岁儿童学习与发展指南用书·健康与语言	9787515324296	150.00
★	美国幼儿教育活动大百科：3–6岁儿童学习与发展指南用书·社会	9787515324272	150.00
	蒙台梭利早期教育法：3–6岁儿童发展指南（理论版）	9787515322544	29.80
	蒙台梭利儿童教育手册：3–6岁儿童发展指南（实践版）	9787515307664	25.00
★	自由地学习：华德福的幼儿园教育	9787515328300	29.90
	刚刚好一起讲的小故事	9787515306285	29.90
	你的水桶有多满（儿童版）	9787515306766	29.00
	赞美你：奥巴马给女儿的信	9787515303222	19.90
	每天10分钟，发现孩子的6项潜能	9787500679905	24.80
	教育主张/教育视野		
	教师和家长共同培养卓越学生的10个策略	9787515331355	27.00
★	10天掌握快速阅读	9787515329918	29.90
★	芬兰教育全球第一的秘密（珍藏版）(《中国教育报》等主流媒体专题推荐，台湾教育类畅销书榜第一名)	9787500687436	28.00
	世界最好的教育给父母和教师的45堂必修课（《芬兰教育全球第一的秘密》2）	9787500692423	28.00
★	杰出青少年的7个习惯（精英版）(中小学图书馆推荐书目、中国青少年必读书目)	9787500649083	28.00
★	杰出青少年的6个决定（领袖版）(中小学图书馆推荐书目、中国青少年必读书目、全国优秀出版物奖)	9787500672241	28.00
★	7个习惯教出优秀学生（全球第一畅销书《高效能人士的七个习惯》教师版）	9787500687948	29.00
	杰出青少年构建内心世界的5个坐标（中国青少年成长公开课）	9787515314952	59.00
★	跳出教育的盒子：从优秀到卓越教师的成功策略（美国中小学教学经典畅销书）	9787500689508	35.00
★	美国最好的中学是怎样的——让孩子成为学习高手的乐园（白金版）	9787500685838	28.00
	夏烈教授给高中生的19场讲座（入选《中国教育报》"2013年最受教师欢迎的100本书"）	9787515318813	29.90
★	学习之道：美国公认学习第一书	9787500679240	28.00
★	翻转课堂与慕课教学：一场正在到来的教育变革	9787515328232	26.00
★	奇迹学校：震撼美国教育界的教学传奇	9787515327044	36.00
★	学校是一段旅程:华德福教师1–8年级教学手记	9787515327945	32.00
★	高效能人士的七个习惯（全球头号畅销书）	9787500649038	49.00
★	盖洛普优势识别器2.0：《现在，发现你的优势》升级版	9787515308036	68.00
	快乐山巅：从亿万富翁到优秀教师	9787500695189	20.00